걱정 많은
철학자와
지구에서
살아남는 법

걱정 많은 철학자와
지구에서 살아남는 법

초판 1쇄 발행 2015년 11월 9일

지은이 서정욱
펴낸이 양소연

기획편집 함소연 디자인 하주연 이지선 마케팅 이광택
관리 유승호 김성은 인터넷사업부 백윤경 최지은

펴낸곳 함께읽는책 등록번호 제25100-2001-000043호 등록일자 2001년 11월 14일

주소 서울시 금천구 디지털로9길 68, 1104호(가산동, 대륭포스트타워 5차)
대표전화 1688-4604 팩스 02-2624-4240 홈페이지 www.cobook.co.kr
ISBN 978-89-97680-16-0(03100)

이 도서의 국립중앙도서관 출판예정도서목록(CIP)은 서지정보유통지원시스템 홈페이지
(http://seoji.nl.go.kr)와 국가자료공동목록시스템(http://www.nl.go.kr/kolisnet)에서
이용하실 수 있습니다. (CIP제어번호: CIP2015027897)

함께읽는책은 도서출판 나무의집의 임프린트입니다.

소소하고 근원적인 물음들로 다시 힘을 얻는 시간

걱정 많은 철학자와
지구에서 살아남는 법

서정욱 지음

짐짝 같은
삶의 무게로
영혼까지
눅눅해졌다면

지구는
나랑 안 맞아!
그렇다고
화성으로
갈 수는
없잖아?

함께읽는책

젊음은
젊은이에게 주기에는
너무 아까운 것이다.

_조지 버나드 쇼

"노세노세 젊어서 놀아

늙어지며는 못노나니

화무는 십일홍이요

달도 차면 기우나니라

얼씨구 절씨구 차차차"

나이가 들면 놀기도 쉽지 않으니 젊을 때 잘 놀라는, 듣던 중 반가운 구전 가요의 한 소절이다. 꽃은 10일 정도만 아름답게 피어 있고, 달도 차면 당연히 기운다. 늙은 사람의 한탄 섞인 소리지만 세상의 이치를 얘기하고 있다. 그래 맞다. 이것이 세상 이치다. 늙으면 놀 힘도 놀 곳도 마땅찮다. 노는 것은 젊은 사람의 특권이다.

20세기 말 우리의 아버지들은 '화백'이니 '백조'니 하면서 남들보다 조금 빨리 찾아 온 은퇴 후의 노후를 평화롭게 즐겼다. 그러다 갑자기 '명태'니 '황태'니 하면서 뭔가 황당한 얘기가 오가더니 갑자기 '오륙도'가 되어 떠돌아다니는 신세를 면치 못하게 되었다. 그리고 그것이 부메랑이 되어 죄 없는 대한민국 청춘들이 졸지에 국적을 바꾸고 '이태백'들이 되어 돌아왔으니, 연이어 '장미족'이라는 새로운 종족이 만들어지는가 싶더니 '청년실신' 상태가 되고, '3포', '5포'를 거쳐 이제 '7포' 세대가 등장하더니 더 이상 포기할 것도 없게 되자 '망한민국', '개한민국' 소리까지 나온다.

아일랜드의 더블린에서 태어나 1925년 노벨문학상을 받은 조지 버나드 쇼(George Bernard Shaw, 1856~1950)는 젊은이에게 젊음을 주기에는 너무 아깝다고 말했다. "젊은 날엔 젊음을 모르고, 사랑할 땐 사랑이 보이지 않는다"고 하지 않던가. 나이 들고 보니 아까운 젊음을 제대로 쓰지 못하는 젊은이들이 안타까워 보여 한 말일 것이다. 너무 흔한 소리라 귀하게 들리지 않겠지만 젊음은 젊은이들만의 특권이다. 그 특권을 누리기 위해 필요한 것은 젊음뿐이다. 다른 것은 모두 사치다.

고대 그리스의 철학자 헤라클레이토스는 불의 철학자라고도 불린다. 변하지 않는 세상의 원질을 찾으려 고심하던 그는 불이야말로 세상의 원질이라고 주장했는데, 인간의 영혼이 물에 젖지 않

7

게, 늘 맑은 정신으로 세상을 살아가기 위해서는 늘 불을 가까이 해야 한다는 것이다. 다양한 모양으로 변하며 뜨겁게 타오르는 불이야말로 세상의 원질이자 젊음의 상징이 아닐까.

나이 든 사람의 소리가 지금의 청춘들에게 뭐 얼마나 큰 도움이 되겠는가. 차라리 좋은 취업 자리 하나 알려 주는 게, 학점이나 팍팍 올려 주는 게 더 좋겠지. 모르는 바가 아니라서 더 마음이 아프다. 다만 내가 할 수 방법으로 도움을 주고 싶었다.

어쭙잖게 위로하거나 더 독하게 살아라 채찍질하고 싶지 않았다. 오늘날 젊은이들의 고민이 어느 날 갑자기 생겨난 것이 아님을 조금 더 살아 보니 알겠기에, 우리의 선배였던 많은 철학자들이 앞서 살았던 얘기를 그저 들려주고 싶었다. 그 후에 방향을 찾아 나서는 건 스스로의 몫이라고 생각했다. 나름 알차게 꾸며 보려고 노력하였으나 직업병을 버리지 못해 철학자들의 사상이나 삶에 대한 이야기가 많이 덧붙여졌다. 지금까지 필자가 발표한 책들에서 영감을 얻은 부분들이 많았기에 더 읽어 볼 수 있게 덧붙여 정리도 해 보았다.

이 책이 하는 말은 아주 간단하다. 젊을 때 우선 잘 놀아라! 잘

노는 것이 잘 사는 지름길이니 무엇을 하려고 애쓰지 말고 놀아라. 놀다가 찾아지는 일을 즐겁게 해라. 결코 늦은 때란 없다. 젊음은 아름답다. 당신은 아름답다.

　이 말을 하고 싶은데 정말 조심스럽고 걱정스러웠다. 때가 어느 땐데 이런 팔자 좋은 소리를 하느냐 핀잔을 들을 것 같았다. 그런데 다행스럽게도 함께읽는책이 같은 생각을 가지고 있었다. 양소연 사장님, 기획과 편집을 담당한 함소연 님, 그리고 디자인을 담당한 이지선 님과 의기투합하여 이 책이 나오게 되었다. 정말 감사드린다.

2015년 10월

서정욱

차례

1

살아가기? 죽어가기?

& 쇼펜하우어

죽지 못하는 신이 인간에게 준 최고의 선물, 자살은 나의 권리다 21
너의 청춘에 성의를 보여라 25

┌ 읽을거리

쇼펜하우어 Schopenhauer, Arthur　　　　　　　　　32

염세주의자의 행복론
행복이란 현재에 있는 것
행복을 위한 비결

2

젊음은 옳음

& 헤겔

똥판, 아니, 정치판에 관한 몇 가지 단상들 47
젊음이라는 권력 남용하기 52

┌ 읽을거리

헤겔 Hegel, Georg Wilhelm Friedrich　　　　　　　　57

인류를 자유롭게 하는 힘, 절대정신을 찾아서

3

현재를 잡아라!

& 아우구스티누스

오직 지금을 살기 69
가정은 없다 75

┌읽을거리
아우구스티누스 Augustinus, Aurelius   79

과거와 미래가 왜 현재인가?

4

젊음에 넙죽 절하라

& 요한과 예수

기성세대에게 고함 91
워너비wannabe 슈퍼스타! 95

┌읽을거리
예수 Jesus   100

세례자 요한

5

거리에 서다

& 피히테

'대한민국 청춘에게 고(告)함' 113
보수주의자의 등골을 서늘하게 하라 118

┌ 읽을거리

피히테 Fichte, Johann Gottlieb   122

역사의 마지막 사람, 역사의 시작인 사람

6

투쟁하라, 변하라, 버려라!

& 헤라클레이토스

변하라, 남을 것이다! 133
버려라, 얻을 것이다! 139

┌ 읽을거리

헤라클레이토스 Heracleitos   143

헤라클레이토스
물에 젖은 영혼에 불을 쬘 것

7

논리를 부탁해

& 프로타고라스

논리와 논리 정연 사이 153
궤변과 논리 사이 158

┌읽을거리

프로타고라스 Protagoras 163

달변과 궤변 사이, 말장난은 이제 그만!

8

자유가 너희를
자유롭게 하리라

& 스피노자

족쇄로 엮인 무리보다 자유로운 왕따가 낫다 171
너의 무대에서 마음껏 춤춰라 176

┌읽을거리

스피노자 Spinoza, Baruch 182

유대인의 오디세이
스피노자 파문 내용 전문

9

거짓을 진실로 바꾸는 힘

& 엠페도클레스

신을 꿈꾼 어릿광대 193
거짓말은 원대하게 198

┏ 읽을거리

엠페도클레스 Empedocles   203

엠페도클레스에 관한 일화 몇 가지
사랑의 요리사, 증오의 요리사

10

체제를 흔드는 힘

& 데카르트

의심하라, 해체하라 215
의심하라, 새로이 하라 221

┏ 읽을거리

데카르트 Descartes, René   225

소심한 천재가 남긴, '자연과학을 위해 더 필요한 것들'

11

느낄 수 있다면, 행복하라

& 제러미 벤담

나 먼저 행복하기 237
마음껏 행복하기 242

┌ 읽을거리
제러미 벤담 Bentham, Jeremy　　　　　　　　　248

급진주의 철학자, 행복을 계량하다

12

예외 없이 행복하라

& 존 스튜어트 밀

같이 행복하기 259
긍정 돼지가 되지 마라 263

┌ 읽을거리
존 스튜어트 밀 Mill, John Stuart　　　　　　　　267

개인행동의 자유

13
연애? 결혼? 누가 하는 건데?

& 밀과 해리엇

발칙하게 대시하자! 277
결혼에 관한 소소한 에피소드들 282

┌읽을거리

해리엇 테일러 Taylor, Harriet   290

《자유론》 헌정사

14
모든 사랑은 소중하다

& 아리스토파네스

동성애를 보는 아주아주 먼 옛날 사람들의 시각 297
누구라도 사랑하라 302

┌읽을거리

아리스토파네스 Aristophanes   309

소크라테스의 '사랑'

15

내 편을 만들자

& 아리스토텔레스와 알렉산드로스, 로크와 메리 2세

서로에게 힘이 되는 사이 323
서로를 신뢰하는 사이 328

읽을거리 **아리스토텔레스** Aristoteles   333

읽을거리 **로크** Locke, John   337

입법권의 법위

16

각자의 세상에서
모두의 세상으로

& 마르크스와 엥겔스

처음부터 누구의 것도 아닌 것 347
모두에게 주어진 정당한 몫 352

읽을거리 **마르크스** Marx, Karl Heinrich   357

읽을거리 **엥겔스** Engels, Friedrich   361

지배 계급은 무엇을 두려워하는가

1

살아가기? 죽어가기?

&

쇼펜하우어

훌륭히 죽기를 원한다면,
훌륭히 살기를 배워라.
살고 죽는 것이
우리가 해야 할 전부다.

_B. 디즈레일리

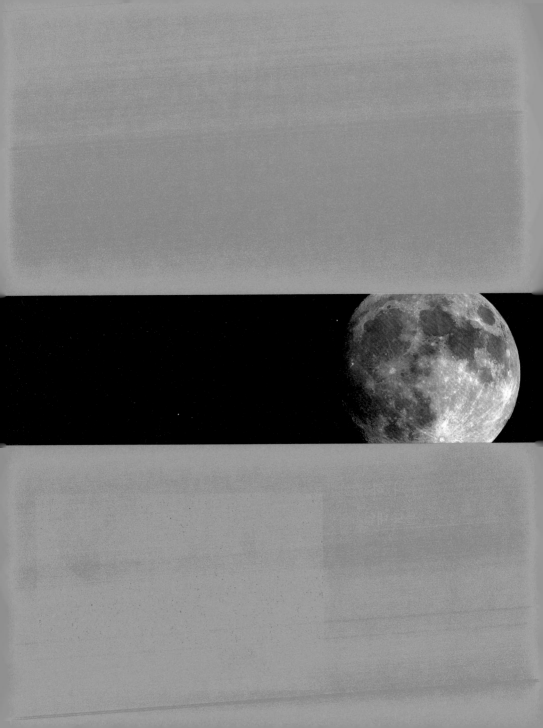

죽지 못하는 신이 인간에게 준
최고의 선물,
자살은 나의 권리다

내일 나는 죽는다. 며칠 전부터, 아니, 아주 오래전부터 많이 생각하고 고민했다. 방법도 어느 정도 생각해 두었고. 그런데 그때마다 아빠의 얼굴이 자꾸 떠올라 실행에 옮기기가 쉽지 않았다. 하지만 내일은 더 이상 아무런 생각도 하지 않고 그냥 죽을 예정이다.

결심을 한 지 벌써 며칠 째. 나는 여전히 살아 있다. 나는 무엇을 두려워하는 걸까? 내 발목을 붙잡고 있는 것들이 내 결심을 흔든다. 하지만 내일은 정말 죽는다. 지금 내 눈앞에 보이는 모든 것들도 내일이면 끝! Adiós! Au revoir! Auf Wiedersehen! 정들었던 모든 물건들에 인사한다. 잘 있으라고. 버려야 할 것들도 있지만…… 그냥 두는 편이 좋겠다. 내가 죽고 난 다음 내 방을 보게 될

21

사람들이 욕할지도 모르지만, 평소대로, 그냥 저대로 두고 싶다. 너무 깔끔하게 정리해 두는 건 내 스타일이 아니니까.

죽음이라는 단어를 생각할 때마다 아빠의 얼굴이 떠오른다. 그는 어떨까? 모든 것을 잃었다는 실의에 빠질까? 아니면 배신감을 느낄까? 나를 이렇게 키운 것에 대해 스스로를 자책할까? 내가 이 세상에서 강하게 살아남기를 바랐겠지.

미쳐 버리는 건 아닐까? 아니, 반대로 너무나 침착하고 냉정하게 행동하실지도 몰라. 평소에 늘 긍정적이고 이성적이었으니까 나의 죽음도 좋은 쪽으로 생각할지 모르지. 분명한 건 이제 더 이상 내일의 일은 생각할 필요도, 고민할 필요도 없다는 거야.

사는 것이 힘들고 고통스러우면 죽음을 선택하는 편이 낫지 않을까? 엄연히 죽음이라는 것이 존재하는데, 나 자신이 결정권을 갖겠다는 게 그렇게 큰 잘못인가? 그런데 왜 철학자들은 자살을 나쁜 것이라고 했을까? 세상 모든 일에 염증을 느꼈던 염세주의자 쇼펜하우어마저도 자살에 호의적이지 않았다. 하지만 쇼펜하우어의 생각을 들여다보면 자살이 왜 나쁘다는 것인지 도무지 이해가 되지 않는다.

쇼펜하우어에 따르면 모든 종교 중에서 유일신을 믿는 종교의 경우에만 신자들에게 자살을 죄라고 가르친다고 한다. 그러나 구약이나 신약 어디에서도 자살에 대한 금지나 강한 부정은 찾아 볼 수 없다는 것이다. 그래서 종교지도자들은 자살만큼 비겁한 행동은 없다거나, 정신이상자 혹은 나약한 마음을 가진 사람들이 선택하는 방법이 자살이라는 식의 빈약한 근거를 들어 자살을 죄로 간주한다는 것이다. 그러나 한 가지 분명한 것은 이 세상에서 자신의 생명과 자신의 권리에 대해 가장 확실하게 결정을 내릴 수 있는 주체는 바로 자기 자신이라는 사실이다. 종교조차도 개인의 생명에 대한 권리가 개인에게 있음을 부정하지 않는데 나 자신을 제외한 그 어떤 누가 나의 생명이나 권리에 대해서 얘기할 수 있겠는가? 나의 권리를 스스로 행사하겠다는데 누가 반대하겠는가?

고대 그리스의 금욕주의 학파인 스토아학파에서도 자살이야말로 고귀하고도 용감한 행위라고 하지 않았던가. 그뿐 아니라 쇼펜하우어는 로마 시대 철학자 플리니우스(Gaius Plinius Secundus, 23~79)의 얘기도 들려준다. 플리니우스는 자연이 인간에게 준 보물 중에서 스스로 죽음을 결정하는 것만큼 좋은 것은 없다고 했단다. 뿐만 아니라 신은 스스로 죽을 수 없기 때문에 인간에게 자살이라는 최고의 선물을 주었다고도 한다. 고대 인도에서도 과부의 분신자살을 종교적 행위로서 인정했다고 하지 않는가. 그럼에도 불구하고 많은 국가 혹은 사회에서 자살하는 사람에 대해 불명예를 씌운다. 그런 점에서 쇼펜하우어는 영국의 엉터리 종교가 자살자를 불명예스러운 사람으로 취급하여 유산을 몰수하거나 매장을 금지한 데 대해 영국을 "완고한 천민의 나라"라고 비난하기도 했다지. 뿐만 아니라 영국의 법원에서는 자살하는 사람을 정신이상자로 판정하기 때문에 자살을 생각하는 사람은 우선 국가의 윤리나 법을 따를 것인지 자신의 권리를 행사할 것인지를 먼저 생각해야만 한다는 거지.

흠, 무슨 상관이람. 여기는 영국이 아니잖아. 난 물려줄 유산도 없고, 죽고 난 다음에야 수장되든 매장되든 무슨 상관이람. 나는 단지 나 자신의 생명과 권리에 대한 결정권을 스스로 행사할 뿐. 그래도 자꾸 눈에 밟히는 이 잔소리꾼, 설교쟁이 남자를 어쩌면 좋을까? 아빠, 미안! 이제 진짜 안녕!

너의 청춘에
성의를 보여라

우울증. 현대인에게 가장 많다는 병. 사전적으로 우울증은 기분이 우울하여 의욕을 상실한 채 죄책감이나 허무감을 느끼며 심한 경우 자살에 이르기도 하는 병이다. 원인은…… 여러 가지가 있겠지만 무엇보다 스트레스가 가장 큰 원인이겠지. 스트레스. 대부분의 현대인들에게 가장 친한 직장 동료와도 같은 스트레스. 그 스트레스가 우울증의 원인이라면, 결국 현재를 살아가는 사람들 중에 우울증을 앓지 않는 사람이 하나라도 있을까?

딸이 먼저 가겠단다. 나랑 한마디 상의도 없이! 흠, 내가 아무리 긍정적이고 민주적이고 이성적인 사람이라고 해도, 이건 아니지! 사람이 사람을 얻는다는 것이 얼마나 어려운 일인가. 딸아, 너

25

는 사람 하나 얻는 것이 그렇게 쉬운 줄 아니? 유비는 제갈량을 얻기 위해 무려 세 번이나 제갈량의 초옥을 찾았지. 원하는 것을 얻기 위해 참을성 있게 노력한다는 뜻의 '삼고초려三顧草廬'를 통해 보통 정성이 아니면 사람을 얻지 못한다는 것을 《삼국지연의》의 저자 나관중이 말해 주지 않니. 유비가 제갈량을 얻는 것보다 더 많은 정성과 노력으로 엄마와 아빠는 너를 얻었다. 그런데 네 마음대로 간다고? 아무래도 억울한 마음이 들어서 이 말은 해야겠다. (치사하게 들릴지 모르겠다만) 너는 특히나 까탈스러워서 키우는 데 아주 많은 공이 (심적으로나 물적으로!) 들었다는 것만은 알아줬으면 좋겠구나.

　더 이해가 안 되는 건, 왜 책을 끝까지 읽어 보지도 않고 네 마음대로 자살을 정당화시키는 거지? 쇼펜하우어의 《자살론》을 끝까지 읽긴 한 거니? 흠, 그렇게 책의 서문과 결론만 읽는 버릇은 좋지 않다고 여러 번 말했던 것 같은데 영 고쳐지질 않는구나. 아, 또 설교가 되어 버리려고 하네. 미안. 직업병이니 이해해 주렴. 여하튼, 그렇게 책의 일부만 읽고 (아, 책을 읽은 게 아니라 인터넷에서 짜깁기한 지식일 수 있겠다는 생각이 문득 뇌리를 스치는구나. 흠, 그건 더 좋지 않은데……) 쇼펜하우어를 다 이해한 것처럼 말해서는 안 되지.

우리는 죽은 다음의 세계에 대해서 알 수가 없다. 그래서 많은 종교들이 사후 세계에 대해 나름대로 소설들을 쓰고 있지. 아니, 풍부한 상상력으로 다양한 사후 세계를 마련해 두고 있지. 특히 지옥은 공포와 고통이 가득한 곳으로 그려지지 않니. 하지만 이런 공포와 두려움을 알면서도 죽으려 할 때에는 그만큼 삶의 공포와 두려움이 너무 큰 탓이겠지. 산다는 것에 대한 공포가 죽는 것에 대한 공포보다 더 큰 것이 확실하다면 자살을 두려워하는 사람은 아무도 없을 거야. 하지만 정말이지 남아 있는 너의 삶 또한 죽음보다 더한 공포와 두려움만이 기다리고 있을까? 정말?

자, 이제 쇼펜하우어를 이야기할까? 쇼펜하우어는 자살을 결정하는 것은 정신이라고 말했지. 육체가 파괴되는 고통은 아무것도 아닐 만큼 정신의 고통이 클 수 있다고도 했지. (하지만 여기서 나는 한마디 안 할 수가 없구나. 정신이 육체와 상의도 없이 육체를ー너희들 표현대로ー'보내 버리는 것'이 과연 옳은 걸까? 정신이 죽고 싶다는 의지를 보인다고 해서 육체가 거기에 무조건 따라야 하는 건 불합리하지 않니?) 또한 네가 말한 대로 플리니우스의 이야기를 인용하기도 했고, 자살을 도덕적으로 비판할 수는 있어도 종교적으로 죄인이라고 낙인찍어서는 안 된다고 말하기도 했고.

자, 이제 여기서부터 네가 건너 뛴 진짜 쇼펜하우어의 이야기가 시작된다. 참을성 있게 들어줘서 고맙구나.

쇼펜하우어는 자살하려는 사람은 사실 누구보다 삶을 원한다고 말했단다. 자살하려는 사람은 자신의 삶에 놓여 있는 조건들, 즉 환경에 만족하지 못하는 것일 뿐 누구보다 삶에의 의지가 강하다고 말이다. 쇼펜하우어는 삶을 포기하고 싶을 만큼의 고통은 철학적 통찰에 이르는 출발점이 될 수 있고 인간을 인간답게 만들 수 있는 소중한 자산이기에 이러한 기회를 스스로 포기한다는 것은 결코 권장할 만한 일이 아니라고 했지. 결론적으로 쇼펜하우어는 네가 생각하는 것처럼 자살 찬미자가 아니었단다. 자살하려는 사람들의 고통에 공감했고 그들에 대한 일방적이고 종교적인 비난에는 반대했지만 자살이라는 행위가 고통을 이겨내고 진정한 인간이 될 수 있는 기회를 포기해 버리는 그릇된 행동이라고 단언했으니 말이다.

다시 한 번 말하지만 육체란 정신의 안식처란다. 정신이 쉬고 싶을 때 육체는 아무런 불평도 없이 따르지. 그리고 정신이 일하고 싶을 때, 육체는 아무리 힘들어도 또 그렇게 묵묵히 시키는 대로 일을 한단다. 하지만 너무나 이기적인 정신은 자신이 괴로워지면 육체의 공포나 고통은 무시한 채 육체를 해하려 들지. 하지만 지금껏 너를 지탱하고 이끌어 온 육체에게 너무하다는 생각이 들지 않니. 너의 삶에 단 한 번의 순간인 지금 너의 육체, 너의 청춘에게 조금만 더 성의를 보이는 건 어때?

살다 보면 삶이 짐짝처럼 느껴질 때가 있지. 말 그대로 짐짝 말이야. 그런데 그 짐짝은 내 맘대로 내려놓을 수도 없게 내 몸에 꽁꽁 묶여 있단 말이지. (이런, 제길.) 더 이상 쌓아 둘 곳 없이 들어찬 스트레스, 스마트폰에 수백 명의 이름이 저장되어 있지만 정작 필요할 땐 부를 사람 하나 없는 외로움, 깜깜하다 못해 낭떠러지 체험 같은 하루하루…… 약한 소리 같지만, 딸아, 이 나이의 나도 여전히 삶이 공포스러울 때가 있단다. (물론 그에 비례해 점점 죽음도 공포스러워지는 나이이긴 하다만.)

쇼펜하우어가 너의 결정에 도움이 되었는지 모르겠다만, (뻔한 소리지만) 결국 마법사가 지팡이를 휘둘러 너의 문제들을 한 방에 해결해 주지 않는 한 네 삶의 문제들을 해결할 사람은 너 자신

29

뿐이란다. 물론 나는 (지금껏 그랬듯이) 물심양면으로 너를 도울 거야. 하지만 다시 한 번 명심하렴. 네 삶을 구할 수 있는 사람은 너뿐이라는 걸. 이번에 네가 너의 삶을 구하고 다시 한 번 너에게 기회를 준다면 너의 삶은 분명 전보다 (개미 눈물만큼이라도) 더 좋아질 거라는 걸. 아, 그리고 여행 간 엄마 대신 오늘 저녁에 아빠 밥 차려 주기로 한 거 잊으면 안 된다! 집에서 보자꾸나.

환자 의사 선생님, 제발 솔직하게 말씀해 주세요. 사실을 전부 말해 주세요. 알아야겠어요.

의사 말하자면, 나쁜 소식입니다. 어느 검사 결사로 보나, 환자분은, 음…… 그…… 아주 더디게 진행되는 병에 걸리셨고, 그…… 병의 주요 특징은…… 그러니까…… 세포의 퇴화와…….

환자 저기요, 분명하게 말해 주세요! 제가 암에 걸렸나요?

의사 그러니까, 그건 아닙니다. 그 말씀을 드리려는 게 아니고요.

환자 '돌이킬 수 없다'고 하셨잖아요. 죽을병인 거죠? 그러니 암이네요. 솔직히 말해 주세요. 저…… 저는 앞으로 얼마나 살 수 있을까요?

의사   어디 보자. 그 말은 맞습니다. 살날이 한정돼 있으세요. 제가 봤을 때, 아주 운이 좋아도 앞으로 삼사십 년 정도밖에 더 못 사십니다. 최대한.

환자   아니, 암이 아니면 병명이 대체 뭡니까?

의사   그게…… '삶'이란 병입니다.

환자   '삶'이라고요? 선생님 말씀은 그러니까 제가…….

의사   네, 살아 있다는 거죠. 유감입니다.

환자   아니, 제가 어디서 그따위 잡스런 것에 걸린 거예요?

의사   불행히도 유전병입니다. 위로하려고 이런 말씀을 드리는 건 아닙니다만, 전 세계적으로 굉장히 보편적인 병이랍니다.

_피에르 데프로주,
《죽음을 기다리며 행복하게 삽시다》(쇠이유출판사, 1983.)[*] 중에서

※ 실비 보시에, 《죽음, 왜 쉬쉬하지》(개마고원, 2009.)에서 발췌.

쇼펜하우어
Schopenhauer, Arthur

쇼펜하우어는 1788년 2월 22일 폴란드의 항구 도시인 단치히에서 태어났다. 사업가였던 아버지는 아들 역시 사업가가 되기를 희망했으나 쇼펜하우어는 사업에는 통 관심이 없었다. 어머니의 권유로 19살에 김나지움에 입학하여 라틴어를 비롯한 여러 고전을 공부하였고, 21살에는 괴팅겐대학교 의과대학에 입학하지만 철학에 더 흥미를 느꼈던 쇼펜하우어는 플라톤과 칸트 연구에 몰두하였다.

어머니 요한나 쇼펜하우어는 아들이 철학을 공부하는 것을 원치 않았지만 쇼펜하우어는 결국 제대로 철학을 공부하기 위해 베를린 대학교로 거처를 옮긴다. 그곳에서 피히테의 강의를 들으며 피히테와 셸링철학, 그리고 플라톤과 칸트에 심취한다.

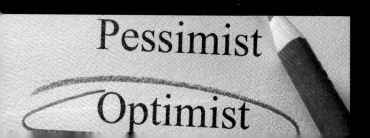

뿐만 아니라 베이컨을 비롯한 영국의 경험주의 사상도 함께 연구하면서 자신만의 철학을 완성하게 된다.

1813년 프로이센과 나폴레옹 군대 사이에 다시 전쟁이 일어나자 쇼펜하우어는 베를린을 떠나 예나대학교에서 박사 학위를 받고 어머니와 친분이 있던 독일의 대문호 괴테에게 자신의 논문을 증정한다. 이후 오랫동안 괴테와 친분을 나누었다.

1818년 서른 살의 나이에 그의 주저 《의지와 표상으로서의 세계》를 완성한다. 1820년부터 베를린대학교에서 헤겔과 같은 시간에 강의를 하였는데 학생들 대부분이 헤겔의 강의를 선택하자 대학 교수는 모두 무능한 사람들이며 말도 안 되는 이론으로 사람을 속이는 사기꾼이라 비난하고 강단을 떠나고 말았다. 이후 이탈리아를 비롯한 여러 나라를 다시 여행하면서 그 나라의 문화와 예술을 배웠고, 1825년 다시 베를린으로 돌아왔다. 그러나 1831년 베를린에 콜레라가 유행하자 다시 베를린을 떠나 안전한 프랑크푸르트로 이사하였고, 그동안 쓴 책들이 사람들의 큰 관심을 받기 시작하면서 그의 명성도 차츰 높아 갔다.

상인의 딸이었던 쇼펜하우어의 어머니는 감수성이 풍부하고 지적이며 정열적인 여인이었다. 큰 공장을 경영하며 정치에도 영향을 미칠 만큼 여유로운 생활을 하던 가족에게 아버지의 죽음은 큰 충격이었는데 요한나에게 남편의 갑작스러운 부재가 충격이었던 만큼 어린 나이의 쇼펜하우어에게도 아버지의 부재는 견디기 힘든 시련이었다.

남편이 죽고 바이마르로 이사한 뒤 요한나는 바이마르 문학 살롱에서 자신의 꿈을 찾는다. 쇼펜하우어의 여동생이 괴테를 아버지라 부를 정도로 요한나는 문학 살롱에 빠르게 적응한 반면 쇼펜하우어는 점점 어머니의 삶에 염증을 느끼기 시작한다. 쇼펜하우어는 대학을 핑계로 어머니를 떠났고 이후 다시는 어머니를 보지 않았다고 한다.

자신의 천재성을 인정하지 않는 세상이 싫었고, 자신의 위대함을 알아주지 않는 사람들이 미웠던 쇼펜하우어는 늘 망상에 시달렸고다. 그는 남을 믿지 못해 면도를 해도 목 아래는 하지 않았다고 한다. 세상과 여자에 냉소적이었던 쇼펜하우어의 생각은 그의 철학에 고스란히 녹아 있다. 쇼펜하우어는 세상은 처음부터 합리적이지 못하고 기쁨보다는 슬픔으로 가득 차 있으며, 행복이나 즐거움은 덧없는 것이고 단지 순간적인 것이라는 염세적인 생각을 하였다. 그래서 우리는 그의 철학을 염세주의라 부른다.

이렇듯 쇼펜하우어의 삶은 둘로 나뉘어 있었다. 외적으로 드러난 자신과 세상을 냉소하는 내적인 모습의 자신이 바로 그것이다. 이런 그의 생각이 잘 표현된 책이 바로《의지와 표상으로서의 세계》이다.

표상과 의지, 표상의 세계는 육체 내지 외적인 삶, 그리고 의지의 세계는 정신 혹은 내적인 삶이라 할 수 있다. 결국 사람의 본질은 의지의 세계, 즉 내적인 삶에서 찾아 볼 수 있다는 것이 쇼펜하우어의 생각이다. 그렇다면 쇼펜하우어에게 의지란 무엇인가? 쇼펜하우어는 사람의 지성은 세상을 이해하는 가장 기본적인 것으로 이를 통해 세상을 이해하는 진리를 얻는다고 보았다. 하지만 의지는 지성보다 더 기본적인 것으로 의지가 없으면 사람들은 어떤 자연세계도 파악할 수가 없다는 것이다. 의지 없이 지성만으로 세상을 파악할 경우 지성은 좋고 나쁜 것을 구별할 수 있는 능력이 없기 때문에 나쁜 행위를 할 수도 있으며 바로 그때 내적인 삶의 의지가 지성에게 바른 길을 안내할 수 있으므로 의지는 지성보다 더 근원적이며 기본적인 것이다.

어머니를 닮아 지적이었고 큰 상인이었던 아버지를 닮아 인내심도 강했던 쇼펜하우어는 헤겔과의 경쟁에서 밀리고 자신을 알아주지 않는 세상을 원망하기도 했지만 언젠가는 세상이 자신을 알아줄 때가 올 것이라고 생각했다. 특히 사람의 의지가 지성을 이긴다는 쇼펜하우어의 생각은 당시 군주와 귀족들로부터 고통 받던 시민들에게는 희망이었다.

고통 받던 시민들은 그의 철학을 이렇게 해석했다. 주관적이고 내적인 삶과 객관적이며 외적인 삶이 있다. 사람의 삶에 직접적인 영향을 주는 행복과 고통, 낙천과 염세, 기쁨과 슬픔 등은 마음먹기에 따라 지극히 주관적이며 내적인 삶을 좌우하는 단어이다. 이런 요인들은 객관적이며 외적인 것이다. 쇼펜하우어의 주장처럼 내적인 삶이 진정한 삶이라면 내적인 고통만 줄이면 된다. 즉 염세와 슬픔을 줄이면 낙천과 기쁨은 동시에 찾아오는 것이다.

쇼펜하우어의 기다림의 철학은 절망에 빠져 있던 시민들에게는 행복을, 자신에게는 명성을 가져다주었다. 유럽 전역에서 날아온 찬사와 감사의 편지는 60살이 넘은 노학자뿐 아니라 당시 귀족과 군주로부터 고통 받던 시민들을 구했다.

　쇼펜하우어가 아직 유명하지 않던 시절 그는 프랑크푸르트 시내에 있는 식당을 자주 이용했다고 한다. 그리고 식탁에 앉으면 가장 먼저 호주머니에서 금화 한 닢을 꺼내 식탁 위에 올려놓고 식사가 끝나면 그 금화를 다시 호주머니에 넣고 식당을 나왔다고 한다. 그 행동이 하도 수상해 식당 주인이 그 이유를 묻자 쇼펜하우어는, 만약 식사를 하는 동안 개와 여자 얘기를 한 번도 꺼내지 않는 테이블이 있으면 그 금화를 주인에게 주려고 했다는 것이다.

　쇼펜하우어의 철학은 1855년부터 독일의 여러 대학에서 강의가 개설되며 빛을 발하였다. 1858년 70세 생일 파티가 성대하게 열렸고, 쇼펜하우어를 만나기 위해 유럽의 여러 도시에서 많은 사람들이 독일을 찾았다. 특히 베를린 왕립학술원에서는 쇼펜하우어를 회원으로 추대하였지만 그는 나이가 많다는 이유로 이를 거절하였다. 어느 누구보다 행복한 말년을 보내던 쇼펜하우어는 1860년 9월 21일 금요일 아침, 프랑크푸르트 자택에서 사망했다. 그의 나이 72세였다.

37

염세주의자의 행복론

라틴어에서 '좋다'와 '나쁘다'의 최상급은 'optimum'과 'pessi-mum'입니다. 이 단어에서 유래된 것이 낙천주의^{optimism}와 염세주의^{pessimism}입니다. 그중에서도 염세주의는 쇼펜하우어의 철학 사상을 대표하는 말이라고 할 수 있습니다. 쇼펜하우어에 따르면 우리 인간은 맹목적인 생명의 의지에 이끌려 불행하고도 비참한 삶을 살아가는 존재이며, 스스로 속박에서 벗어나 생명의 의지를 부정해야만 삶의 고통에서 벗어날 수 있습니다. 어쩔 수 없이 사는 삶에는 고통뿐이고 이런 삶에서 벗어나고자 하는 것이 염세주의라면, 염세주의자에게도 행복이 있을까요? 염세주의와 행복은 도저히 어울리지 않을 것 같지만 대표적인 염세주의자였던 쇼펜하우어도 행복에 관한 글을 남겼습니다. 염세주의자 쇼펜하우어가 말하는 행복이란 어떤 것일까요?

쇼펜하우어는 행복하게 살기 위해서는 스토아주의, 즉 금욕주의와 마키아벨리즘을 피해야 한다고 주장합니다. 금욕주의는 스스로 갖고 싶은 것을 체념하고 쾌락을 피하면서 행복을 추구합니다. 마키아벨리즘은 다른 사람의 행복을 제물로 삼아 자신의 행복을 추구합니다. 방법은 다르지만 금욕주의와 마키아벨리즘 모두 양극단에서 완벽한 행복을 얻습니다. 그러나 인간의 삶 자체가 행복을 추구하기 위해 존재한다면 갖고 싶은 것이나 쾌락을 멀리할 필요가 없으며, 남의 행복을 위해서 나의 행복을 포기할 필요도 없습니다. 결국 금욕주의와 마키아벨리즘 사이에 쇼펜하우어가 주장하는 행복이 놓여 있습니다. 행복은 자신을 체념하거나 타인의 행복을 빼앗지 않고도 얻을 수 있습니다. 금욕주의와 마키아벨리즘 사이에서 얻어진 이 행복은 그 둘이 추구하는 완벽한 행복에는 결코 이르지 못할 것입니다. 인간에게 있어서 완벽하고 적극적인 행복은 애초에 불가능한 일인지도 모릅니다. 비교적 '덜 고통스러운 상태'가 인간이 기대할 수 있는 행복일지 모릅니다. 쇼펜하우어는 이런 행복을 누리기 위해 다음 네 가지 조건이 필요하다고 말합니다.

첫째, 인간이 누리는 괴로움과 기쁨의 정도를 결정하는 명랑한 정서, 즉 행복한 활기의 필요성입니다.

둘째, 인간이 명랑하기 위한 필수 조건은 몸의 건강입니다.

셋째, 소포클레스는 《안티고네》에서 인간의 즐거움을 위해 가

39

장 기본이 되는 삶의 자세는 무념무상이라고 했습니다. 즉 정신적인 평온이 중요합니다.

넷째, 인간이 살아가는 데에는 의식주가 필요합니다. 사치가 전혀 없는 의식주를 마련하기 위한 재산이 필요합니다.

기본적인 의식주를 걱정하지 않고 건강한 몸과 평온한 정신 상태를 가지고 명랑한 정서 생활을 하는 것, 이것이 바로 염세주의자 쇼펜하우어가 말하는 행복입니다.

행복이란 현재에 있는 것

경박하고 가벼운 사람은 현재에 묻혀 삽니다. 불안과 근심에 시달리는 사람은 과거에 매달려 있습니다. 그리고 끊임없이 무엇인가 추구하는 사람은 미래에서 삽니다. 이렇게 현재는 사람들의 관심을 끌지 못하고, 사람들은 현재를 즐기지 못합니다. 당나귀 머리 앞에 건초더미를 달아 놓으면 당나귀는 닿지도 않는 건초를 먹으려고 열심히 혀를 날름거리며 앞으로 걸어갑니다. 인간도 이런 당나귀와 다르지 않습니다. 있을지 없을지 모르는 가능성을 안고 인간은 현재의 편안함을 미래의 불안 혹은 확실하지만 언제 닥칠지 모르는 불행으로 깨트립니다. 불확실하고 불분명한 불행 때문에 인간은 평생 마음의 평화와 행복을 잃습니다. **틀림없이 겪게 될 불행 그리고 언제 겪을지 분명한 불행은 흔하게 일어나지 않습니다. 이런 불행이라면 일어나지 않는다고 믿는 편이 좋을 것입니다.**

　삶의 온갖 풍파와 고난에 초연한 사람은 살아가면서 겪어야 할 불행과 기쁨이 너무나 많고 다양하며 현재의 불행이나 행복은 아주 작은 것에 불과하다는 사실을 알고 있는 것입니다. 스스로의 경험에서 나온 믿음만이 인간을 삶에 초연하게 만들 수 있습니다. 이렇듯 행복의 이면에는 부정적인 면이, 고통의 이면에는 긍정적인 면이 있기 때문에 삶이란 누리는 것이 아니라고 쇼펜하우어는 말합니다. **삶이란 단지 경험하고 행동하기 위해 있는 것입니다. 행복, 행운, 혹은 기쁨 등은 부정적인 요소를 가지고 있기 때문에 삶의 지표로 삼아서는 안 됩니다. 기쁨이 행복을 가져다준다는 생각은 버려야 합니다.**

　쇼펜하우어에 따르면 고통이야말로 행복의 지표가 됩니다. 따라서 고통이 없으면 행복한 것입니다. 삶의 가치가 기쁨과 즐거움에 있다는 긍정적인 망상을 버리고 고통만이 긍정적인 것임을 일찍 깨닫는다면 인간은 진정 행복해질 수 있다고 쇼펜하우어는 말합니다.

_《배부른 철학자》, 서정욱, 함께읽는책, 2011.

행복을 위한 비결

이론화된 '삶의 지혜'는 '행복론'과 거의 유사한 뜻을 가진다고 봐도 좋을 것이다. 삶의 지혜는 가능한 한 행복하게 사는 법을 가르쳐야 한다. 이 과제를 이행하기 위해서는 두 가지 조건을 충족시켜야 하는데 즉, 스토아주의적 신념과 마키아벨리주의를 배제해야 한다.

스토아주의는 체념과 결핍의 길이다. 중요한 것은 평범한 인간을 위한 지식이다. 평범한 인간은 체념과 결핍의 길을 거쳐 행복을 추구하기에는 너무나 의지가 충만해 있다. (즉, 일반적인 표현을 사용하자면 너무 감성적이다.) 또한 마키아벨리주의는 다른 모든 사람들의 행복을 제물로 삼아 자신의 행복을 이루고

자 하는 것을 뜻한다. 그러나 평범한 인간이 그렇게 사는 데 필요한 이성을 갖고 있다고 전제해서는 안 된다. 따라서 이것도 배제해야 한다.

그러므로 행복론의 영역은 스토아주의와 마키아벨리주의 사이에 자리 잡고 있다. 행복론의 입장에서 보면, 양 극단은 목표 지점에 좀 더 빨리 접근하지만 끝내 다다르지 못하고 끝나는 길과 같다. 행복론은 인간이 깊이 체념하거나 힘겹게 자기 자신을 극복하는 일 없이, 또한 타인을 단지 자기의 목적 달성을 위한 수단으로 간주하지 않고도 되도록 행복하게 살 수 있는 방법을 가르쳐 준다. 보다 중요한 것은 우리에게 적극적이고 완벽한 행복은 불가능하며, 비교적 덜 고통스러운 상태만 기대할 수 있다는 사실이다. 그럼에도 이 점에 대한 통찰은 우리가 삶이 허용하는 만큼의 행복을 누리는 데 도움이 된다. 다음으로 중요한 것은 이렇게 살기 위한 수단의 극히 일부만이 우리가 가진 권능의 범위 내에 있다는 사실이다. 다시 말해 우리가 사용할 수 있는 수단은 매우 적다.

_《행복의 철학》, 쇼펜하우어, 정초일 옮김, 푸른숲, 2001.

43

2

젊음은 옮음

&

헤겔

모든 민주주의 국가에서
국민은
자신들의 수준에 맞는
정부를 가진다.

_알렉시스 드 토크빌

똥판,
아니, 정치판에 관한
몇 가지 단상들

"저 새파랗게 젊은 것들은 자기들끼리 모여서 뭐라고 저렇게 열을 올리며 떠들고 있지?"
"우리같이 머리 허옇고 냄새나는 인간들하고는 얘기도 하기 싫다는 거겠지."
"난 요즘 젊은이들 생각을 도저히 이해할 수가 없어. 당최 무슨 생각들을 하는지…… 너무 앞서간단 말이야."

19세기 말, 독일에는 헤겔의 영향을 받은 젊은 정치인들이 하나둘 늘어나기 시작했다. '젊음'과 '헤겔'이라는 공통분모 아래 국회에 입성한 이들은 등원하면 한곳에 모여 독일의 앞날에 대해 이

47

야기를 나누곤 했다. 이 모습을 지켜보던 나이 많은 국회의원들은 젊은 의원들을 마뜩잖은 눈으로 쳐다보며 혀를 차곤 했는데 어쩌다 보니 젊은 의원들은 국회의장석을 중심으로 주로 왼쪽에 모여 앉았고, 나머지 의원들은 그들을 피해 오른쪽에 앉게 되었다.

좌파와 우파. 처음에는 단순히 왼쪽에 앉느냐 오른쪽에 앉느냐를 가리키던 말이 시간이 지나면서 좌파는 급진 혹은 진보를, 우파는 보수를 상징하는 말이 되었다. 물론 오늘날 대한민국 정치인들처럼 사상도 철학도 그야말로 묻지도 따지지도 않고, 소속 정당과 개인의 이익에 따라 보수도 되었다가 진보도 되었다가 하는 경우에는 좌우의 개념이 또 달라지겠지만 말이다. 그러다보니 극좌파가 있는가 하면 극우파도 있고, 중도좌파니 중도우파도 존재하게 되었다. 앞으로 얼마나 더 많은 정치인들이 자신들만의 대차대조표에 따라 골라먹는 재미가 있는 새로운 보수와 진보를 만들어 낼지 지켜보는 재미도 재미라면 재미일 것이다.

우스갯소리로 우리나라 정치판이 세계 3대 격투기장이라는 소리도 나온다. 서로 다른 종류의 격투 무술을 하는 사람들끼리 자신들이 가지고 있는 모든 싸움 기술을 사용하여 상대를 쓰러뜨리는 격투기를 우리는 이종異種격투기라고 부른다. 여러 종류의 이종격투기가 있지만 아마도 K-1과 UFC가 대표적일 것이다. 그 격투기에 우리나라 정치판이 끼어 3대 격투기장을 이룬다고 하니 가슴이 뿌듯해지지 않는가. 우리 정치에도 내세울 것이 있다!

1966년 9월 22일, 국회의원 김 아무개는 자신의 집 변소(당시에는 이렇게들 불렀다)에서 소중하게 퍼 올린 똥을 당시 재벌 밀수 사건에 관한 대정부 질의가 진행되던 국회에서 "행동으로 부정·불의를 규탄한다"는 말과 함께 국무총리 및 장관 등을 향해 뿌리고는 독립 열사 33인의 혼이 서린 탑골 공원 공중변소에서 퍼온 똥물이라며 사기(!)를 쳤다. 이름하여 국회오물투척사건이다.

2007년 6월 11일, 국회본회의장 방청석에 앉아 있던 정 아무개는 40년 전과 동일한 방식으로 부정·불의를 규탄하려다가 사전에 발각되어 미수에 그치고 말았다. 이름하여 미수에 그친 국회오물투척사건이다. 아주 오래전부터 국회는 개판으로 부족해 똥판이 되어 가고 있었다. 똥판에 똥파리가 꼬이는 건 당연지사. 그런데 문제는 누가 똥이고 누가 파리인지 모르겠다는 점.

몇 년 전 모 개그 프로그램의 한 코너에서 국회의원들이 선거

49

철에 선심성 공약을 남발한 뒤 지키지 않는 잘못된 행태에 대한 풍자 개그를 한 개그맨이 현직 의원에게 고소를 당한 일이 있었다. 우리나라에서 국회의원이 되려면 먼저 선거 유세 때 평소에 자주 가지 않던 시장에 가서 상인들과 악수하고 국밥 한 번 먹어 준다, 그리고 공약은 번지르르하게 말로 하면 된다, 그래도 선거에 이길 수 없을 것 같으면 상대방을 비방하거나 사돈의 팔촌까지 뒤져 약점을 물고 늘어지면 된다. "국회의원 되기 참 쉽죠잉!" 그런데 재미있는 건 이 국회의원이 이보다 앞서 아나운서 성희롱 발언으로 아나운서협회에 의해 고소를 당해 국회의원직이 박탈될 위기에 처했다는 것. 그러자 이 의원은 자신은 특정인이 아닌 집단을 모욕한 것이기 때문에 특정성이 없어서 죄가 성립되지 않는다며, 이 같은 논리라면 개그 프로그램에서의 국회의원 비하 발언도 집단모욕죄가 성립되므로 자신의 성희롱 판결에 항변하기 위해서라도 해당 개그맨을 고소하겠다고 나선 것이다. 이에 대해 한 유명인이 자신의 블로그에 남긴 글이 화제가 되었으니, "×××, ○○○ 고소? 누가 개그맨인지 모르겠네. ○○○ 씨, 맞고소하세요. 영업 방해로." 정말이지 한 편의 코미디가 따로 없는 난장판이 아닌가.

세계의 역사를 바꾼 사건 중에 빼놓을 수 없는 것이 바로 프랑스대혁명이다. 헤겔은 프랑스대혁명을 가리켜 이성의 구체적 실현 과정이라고 했다. 그리고 세계사는 이성이 자신을 드러내는 과정인 동시에 인간의 자유를 실현하는 과정이라고도 했다. 황제와 성직자의 권위가 하늘을 찌르던 당시 헤겔은 죽을 각오를 하고 이런 말을 했을 것이다. 하지만 독일 국민의 호응은 하늘을 찔렀다. 특히 독일의 학자들과 학생들 그리고 젊은이들은 헤겔을 뜨겁게 껴안았다. 그리고 헤겔처럼 되겠노라고 너 나 할 것 없이 뛰었다. 그리고 그들은 독일의 국회를 장악했다.

헤겔이 떠난 지 200년이 채 되지 않은 독일에서 국회의원들은 여전히 싸우고 있다. 싸우는 목적은 단 하나, 국가의 이익과 국민의 행복이다.

51

젊음이라는 권력
남용하기

"저기를 보라! 말 위에 세계정신이 앉아 있다!"

헤겔이 대학에 입학한 이듬해인 1789년, 프랑스대혁명이 일어난다. 당시 이웃 나라인 영국, 프랑스와는 달리 경제적으로나 정치적으로 피폐하고 뒤떨어진 나라였던 독일은 제후들이 왕처럼 군림하며 관료와 군대를 소유하고, 프랑스식 궁정 생활을 동경하여 사치와 쾌락을 일삼았으며, 농민들은 억압과 착취 아래 인간 이하의 삶을 근근이 이어 나가고 있었다. 이러한 독일의 앞날을 걱정하던 헤겔에게 모든 인간의 자유와 평등, 소유권과 저항권, 법에 근거한 시민의 권리와 민주주의 정신을 전 세계에 알린 프랑스대혁명은 독일에 일대 변화를 일으킬 신호탄으로 느껴졌다.

그리고 드디어 프랑스 군대가 독일을 침공해 예나를 점령했을 때 헤겔은 대학을 졸업하고 예나에서 철학을 강의하며《정신현상학》의 출간을 준비하고 있었다. 독일 땅 예나를 점령하고 더 나아가 전 유럽을 공격하기 위해 작전을 짜며 전쟁터를 순찰하던 나폴레옹 1세를 본 헤겔은 감격하여 위와 같은 말을 했다고 한다.

당시 나폴레옹의 군대는 자유와 평등이라는 프랑스혁명의 계몽주의적 이념을 점령지마다 전파하고 있었고, 비록 적군의 사령관이었지만 헤겔의 눈에는 나폴레옹이 자유의 실현이라는 세계사적 과제를 수행하고 있는 위대한 영웅으로 보였던 것이다. 나폴레옹은 지금도 여전히 혁명가 혹은 독재자로 평가가 엇갈리지만 당시에는 그야말로 전 유럽의 영웅이었다.

프랑스대혁명이 일어나자 독일의 지식인들과 젊은이들은 끊임없는 찬사와 갈채를 보내며 프랑스대혁명의 여파가 독일에까지 미치기를 간절히 바랐다. 독일의 많은 시민들이 비밀결사대를 조직하고 혁명의 기치를 올렸다. 헤겔도 예외는 아니었다. 비밀독서토론회를 조직하고 루소의《사회계약론》을 읽으며 혁명의 불길을 지폈을

뿐 아니라 비밀결사 대원들과 함께 '자유의 나무'를 심고, '루소 만세', '자유 만세'를 외치며 거리 행진도 하였다. 하지만 안타깝게도 프랑스혁명의 영향은 독일에까지 미치지 못했다. 결국 헤겔은 다른 길을 찾았다. 루소의 계몽사상을 독일에 뿌리내리기로 마음먹은 것이다.

고등학교 선생으로, 대학 교수로, 대학 총장으로 지내면서 차가운 이성과 뜨거운 가슴으로 젊은이들을 껴안은 헤겔로 인해 독일의 젊은이들은 하나둘 뭉치기 시작했다. 더 이상 황제, 성직자, 귀족들에게 자신들의 미래를 맡길 수 없다고 생각하기 시작했다. 사람에서 희망을 찾는 사람. 그런 사람의 인생에는 감동이 있고, 또 그의 인생은 누군가에게 감동이 될 수 있다. 헤겔을 보고 자란 독일의 젊은이들이 헤겔을 따라했고, 제2의 헤겔이 되고자 꿈꾸었다. 헤겔의 사상이 자유든, 진보든, 혹은 급진이든 그런 것은 중요치 않았다. 그들에게 중요한 것은 오직 젊은 독일을 건설하는 것이었다. 그들의 생각은 옳았다. 그들은 뭉쳤고, 해냈다.

뜨뜻미지근한 이성과 돌처럼 차가운 가슴을 가진 이들만 득시글거리는 우리의 국회를 보면 헤겔이 생각난다. 날고 기는 지성인들이 다 거기에 모였다는데, 차가운 이성과 뜨거운 가슴으로 젊은 이들에게 대한민국의 희망을 꿈꾸게 할 이는 도대체 어디 숨어 있단 말인가? 우리는 어디에서 희망을 찾아야 할까? 나폴레옹을 기다려야 할까? 희망을 찾을 곳이 없다면 우리가 희망이 되자. 그들이 우리를 보고 희망을 찾도록 만들자. 뜨거운 가슴을 가진 유권자가 얼마나 무서운 존재인지 보여 주자.

코페르니쿠스의 혁명이란 말이 있다. 천동설을 중심으로 천체를 관찰하던 코페르니쿠스는 지구를 멈춰 놓고 태양을 아무리 돌려 봐도 답이 나오질 않자 돌던 태양을 멈추고 지구를 돌려 보았다. 그리고 원하던 답을 얻었다. 이것이 바로 그 유명한 코페르니쿠스 지동설의 시작이자 혁명이었다. 지금까지 정치는 정치인이 하는 것이라고 생각했다면 이제 그 주도권을 우리가 가져오자. 젊다는 것이 얼마나 무섭고 거칠 것 없는 권력인지 보여 주어야 한다. 삼포세대, 오포세대에 이어 칠포세대라는 말까지 나오는 요즘, 당당히 나라 탓을 하기 위해 정치에 무심해지지 말자. 정치의 주도권을 쥔 청춘들이 두 눈을 부릅뜨고 자신들의 행동 하나하나를 지켜보고 있다고 생각해 보라. 어디 시장에서 국밥을 말아 먹을 시간이 있겠는가? 산재한 과제들을 쌓아 두고 외유를 떠날 여유가 있겠는가? 이제 정치인들은 시장에서 할머니의 손을 잡을 것이 아니라 젊은이들과 뜨거운 가슴을 마주하며 연신 고개를 숙일 것이다. 상상만 해도 즐겁지 않은가? 그들의 낮아지고 작아진 모습이!

헤겔
Hegel, Georg Wilhelm Friedrich

헤겔은 1770년 독일 슈투트가르트에서 태어났다. 아버지는 주정부의 재무관이었다. 1776년 슈투트가르트의 김나지움에 입학한 헤겔은 특히 고대 역사와 고대 언어, 수학, 철학 등에 관심이 많았다.

1788년 18세에 튀빙겐대학교 신학과에 입학한 헤겔은 튀빙겐대학인재장학생으로 선발되는데 이는 미래의 신학자들이 마음 놓고 학문에 전념할 수 있게 지원하는 제도로 헤겔 시대에는 흔하지 않는 장학금이었다. 고전문헌학, 철학, 그리고 수학을 전공하고 철학 석사학위를 받은 헤겔은 부모의 희망에 따라 슈투트가르트대학교

57

신학과에 입학하여 고전과 철학을 공부하고 철학 석사학위와 신학을 가르칠 수 있는 자격증을 받는다. 이 시기에 헤겔은 독일의 유명한 시인 휠덜린(Johann Christian Friedrich Hölderlin, 1770~1843), 철학자 셸링과 함께 방을 쓰며 친분을 쌓는다. 특히 휠덜린을 통해 알게 된 실러(Johann Christoph Friedrich von Schiller, 1759~1805)와는 각별한 사이가 된다. 그즈음 고대 그리스어는 헤겔에게 큰 감명을 준다.

대학을 졸업한 헤겔은 다른 사상가들과 마찬가지로 가정교사 생활을 시작하는데 네덜란드 기병대장으로 스위스 베른에 살던 슈타이거(Karl Friedrich von Steiger, 1754~1841)의 아들을 가르치는 일이 그의 첫 임무였다. 슈타이거는 매우 자유로운 사고를 가진 사람으로 헤겔이 당시 정치와 사회 문제를 이해하는 데 많은 영향을 주었다.

헤겔은 베른에 머물면서 홉스, 흄, 라이프니츠, 로크, 마키아벨리, 루소, 스피노자, 볼테르 등 많은 사상가의 책을 읽고 이 책들을 통해 자신의 사회학, 정치학, 국가경제, 정치경제 등 여러 분야에 대한 사상을 정립한다.

그러나 무엇보다도 헤겔이 베른에 머물면서 얻은 가장 큰 성과는 프랑스혁명을 통해 정치적인 혁명에 대한 생각들을 정립한 것이다.

친구였던 횔덜린이 헤겔을 위해 프랑크푸르트에 가정교사 자리를 마련하자 헤겔은 베른 생활을 청산하고 프랑크푸르트로 거처를 옮겨 경제학과 정치학을 연구하며 지내게 된다. 예나대학교에서 1801년부터 논리학과 형이상학을 시작으로, 1803년부터는 플라톤과 아리스토텔레스, 그리스 비극, 1804년에는 수학과 신학을 강의하였으며, 1805년에는 교수 자격증을 얻는다. 1807년부터 다음 해까지 밤베르크에서 〈밤베르크 신문^{Die Bamberger Zeitung}〉 주간으로, 그리고 출판사 일도 겸하며 자신의 주요 저서 중 하나인 《정신현상학^{Phänomenologie des Geistes}》을 출판한다.

1808년 뉘른베르크 김나지움의 교장으로 초빙되어 1816년까지 머물며, 철학, 독일어, 그리스어, 그리고 수학을 가르친다. 교장으로 재직하던 시기인 1811년, 41살의 헤겔은 20살의 마리 폰 투허^{Marie von Tucher}와 결혼한다. 마리는 뉘른베르크 지방의회 상원의원의 딸로 7남매 중 큰딸이었다. 둘 사이에는 딸과 두 아들이 있었는데, 딸은 태어나자마자 죽었고, 큰아들(Karl Ritter von Hegel,

1813~1901)은 철학과 역사를 전공하여 독일에서는 아버지만큼 유명한 역사학자가 되었지만 아버지의 명성에 가려 잘 알려져 있지 않다. 둘째 아들(Thomas Immanuel Christian Hegel, 1814~1891)은 브란덴부르크 주의 종교국장을 지냈다.

1816년, 46살의 헤겔은 그렇게 원하던 하이델베르크대학교 철학과 교수로 임명된다. 그리고 1817년《철학강요*Enzyklopädie der philoso-phischen Wissenschaften*》를 출판한다. 그즈음 프로이센의 학문과 힘을 바탕으로 독일 통일을 노리던 프리드리히 빌헬름 3세는 예나전투에서 나폴레옹에게 패하면서 큰 위기를 맞이한다. 그러나 철학자 피히테를 중심으로 베를린훔볼트대학교를 개교하고 다시 독일 사람의 정신을 하나로 뭉치기 위해 노력한다. 안타깝게도 피히테가 장티푸스에 걸려 죽자 프로이센 정부는 헤겔을 베를린으로 초빙한다. 베를린에 도착한 헤겔은 활발하게 활동하면서 프로이센 정부가 바라는 일들을 수행하였다. 그리고 1821년,《법철학*Grundlinien der Philosophie des Rechts*》을 출판한다. 헤겔은 참으로 많은 저서와 논문 그리고 강의록을 남겼는데 대부분 그가 죽은 다음 출판되었다.《법철학》은 그가 생전에 출판한 마지막 책이며 특히 헤겔의 법철학 강의는 수백 명의 학생들이 등록하여 그의 인기를 실감하게 했다.

그 외에도 헤겔은 자신을 따르고 자신의 이론을 이해하는 몇몇 학생들을 중심으로 세미나 형식의 강의도 하였는데, 헤겔의 자유로운 생각과 서민을 생각하는 정신은 학생들 사이에서 널리 퍼져 나갔고 훗날 청년헤겔학파가 생기는 계기가 되었다. 1829년 총장으로 임명된 헤겔은 베를린대학교를 새롭게 발전시킬 수 있는 계기를 마련하지만 그 뜻을 다 펴지 못하고 1831년 세상을 떠나고 만다.

　헤겔의 철학은 어렵고 복잡하기로 유명하다. 하지만 헤겔의 역사철학만큼은 단순한 논리에서 시작한다. 많은 사람들은 이 세상을 이끌어 갈 역사의 주인공이 사람이며, 사람의 생각과 행동이 역사를 움직인다고 믿고 있다. 하지만 헤겔의 생각은 아니었다. 헤겔은 이 세상의 역사는 인간의 욕심이나 야심에 의해 만들어지는 것이 아니라고 말한다. 물론 한 명의 영웅이나 힘 있는 군주 혹은 위대한 정치가의 정책이나 의도에 의해 변하는 것도 아니다.

　사람들은 역사라는 무대 위에서 스스로가 자유롭게 살아간다고 믿는다. 그렇기 때문에 또한 사람들은 스스로 역사를 만들고 이끌어 간다고 굳게 믿는다. 하지만 헤겔은 사람은

보이지 않는 어떤 힘에 이끌려 움직이는, 어
쩌면 꼭두각시에 불과하다고 생각했다. 그리
고 그 힘을 '절대정신'이라고 불렀다. 다행스러운
것은 사람들은 자신이 꼭두각시라는 사실을 모른 채 스스로 역사
를 이끌어 가고 있다고 믿고 의무감을 갖고 산다는 것이다. 끝까
지 그런 생각과 마음가짐으로 산다면 어쩌면 헤겔이 주장하는 절
대정신은 없을지도 모른다. 누가 알겠는가. 헤겔인들 다 알고 한
얘기는 분명 아닐 테니 말이다.

인류를 자유롭게 하는 힘, 절대정신을 찾아서

헤겔은 자신의 철학을 '세계정신'이란 말로 설명하고 있습니다.
세상에는 많은 사물과 대상이 있습니다. 무엇이 이러한 삼라만상
을 만들까요? 헤겔은 삼라만상의 원인이 되는 근본적인 것을 '세
계정신'이라고 하였습니다. 이 세계정신은 정신과 자연, 주관적
인 것과 객관적인 것, 그리고 생각과 존재를 모두 포함하는 절대
적인 어떤 것입니다.

　(중략)

　헤겔의 세계정신은 그리스도교에서 말하는 신과 다름이 없었

습니다. 하지만 종교에서의 신과 헤겔의 세계정신에는 분명한 차이가 있습니다. **그리스도교에서 말하는 전지전능한 신은 언제까지나 변하지 않는 어떤 것입니다. 그러나 헤겔의 세계정신은 스스로의 내적인 힘에 의해서 항상 끊임없이 변화하고 발전하는 어떤 것입니다.**

　세계정신은 어떻게 있을까요? 헤겔에 의하면 세계정신은 처음부터 시간과 공간 속에 있는 것이 아닙니다. 세계정신은 시간과 공간을 초월하여 논리적, 이론적으로만 존재합니다. 이것은 마치 칸트가 이야기한, "실제적으로 가능한지는 모르지만 이론적으로 가능한 선천적인 어떤 것"과 같습니다. 헤겔의 이러한 세계정신은 설명될 수도 없고 규정할 수도 없기 때문에 '무無'와 같으며, 끝이 없는 무한한 어떤 것이라고 했습니다. 이러한 세계정신은 발전하여 자연으로 나타납니다. 헤겔에 의하면 자연은 처음에는 존재하지 않았습니다. 그러나 세계정신이 발전하여 바깥으로 드러난 것이 바로 자연이라는 것입니다. 자연의 모습으로 나타나는 헤겔의 세계정신은 스스로 발전과 변화를 거듭하면서 계속 변해 갑니다. 하지만 발전과 변화에는 한계가 있습니다. 결국 세계정신은 자연을 벗어나 자신에게로 다시 돌아갑니다. 이렇게 세계정신이 자연이 되었다가 다시 세계정신으로 돌아오면서 자신을 의식하고 알게 되는 것입니다. 그리고 바로 이것을 헤겔은 '절대정신'이라고 하였습니다.

자연은 유한합니다. 그리고 이 절대정신은 모든 자연의 변화에도 영향을 준다고 했습니다. 절대정신은 무한하고, 자연은 유한하지만 절대정신 안에서는 유한한 것과 무한한 것이 대립하지 않고, 상호 통일되어 있습니다.

(중략)

헤겔은 절대정신을 사람의 이성이라고 했습니다. 그리고 절대정신의 본질을 사람이 항상 바라는 자유에 비유했습니다. 그럼 역사는 무엇일까요? 헤겔은 역사란 자유가 세상 속에 펼쳐 나가는 과정이라고 했습니다.

고대의 역사는 왕들에 의해서 이루어졌습니다. 즉, 단 한 사람의 전제 군주만이 자유로웠기 때문에 전제 군주 아래 있는 사람 개개의 이성은 아무런 의미가 없었습니다. 근대에 와서는 귀족 정치가 이루어졌습니다. 그렇기 때문에 고대와 다르게 근대에는 몇

명의 귀족만이 자유로웠습니다. 그럼 현대는 어떻습니까? 대부분의 나라가 민주정치를 지향하는 현대는 대부분의 사람들이 자유를 누리며 삽니다. 사람 개개인이 자유를 얻는다는 것은 자유롭게 자신의 이성을 가지고 생각할 수 있다는 의미입니다.

헤겔이 살던 시대에는 소수 계층만의 자유가 보장되었습니다. 그리고 몇몇의 지성인만이 자유로운 생각을 할 수 있었습니다. 헤겔은 나폴레옹이 모든 사람들에게 자유를 주리라 믿었습니다. 그러나 역사는 헤겔의 뜻대로 전개되지 않았습니다. 모든 사람은 자유로워야한다고 생각했던 헤겔의 바람은 그가 죽고 난 다음 이루어졌습니다. 1848년 유럽의 3대혁명은 모든 사람들이 자유롭길 원했던 헤겔의 뜻이 이루어진 계기가 되었습니다. 결국 헤겔의 철학적인 힘이 뒷받침되어 유럽의 혁명과 지금의 자유로운 유럽이 가능해진 것입니다.

_《필로소피컬 저니》, 서정욱, 함께읽는책, 2008.

65

3

현재를 잡아라!

&

아우구스티누스

인류의 가장 큰 비극은
지나간 역사에서
아무런 교훈도
얻지 못한다는 데 있다.

_토인비

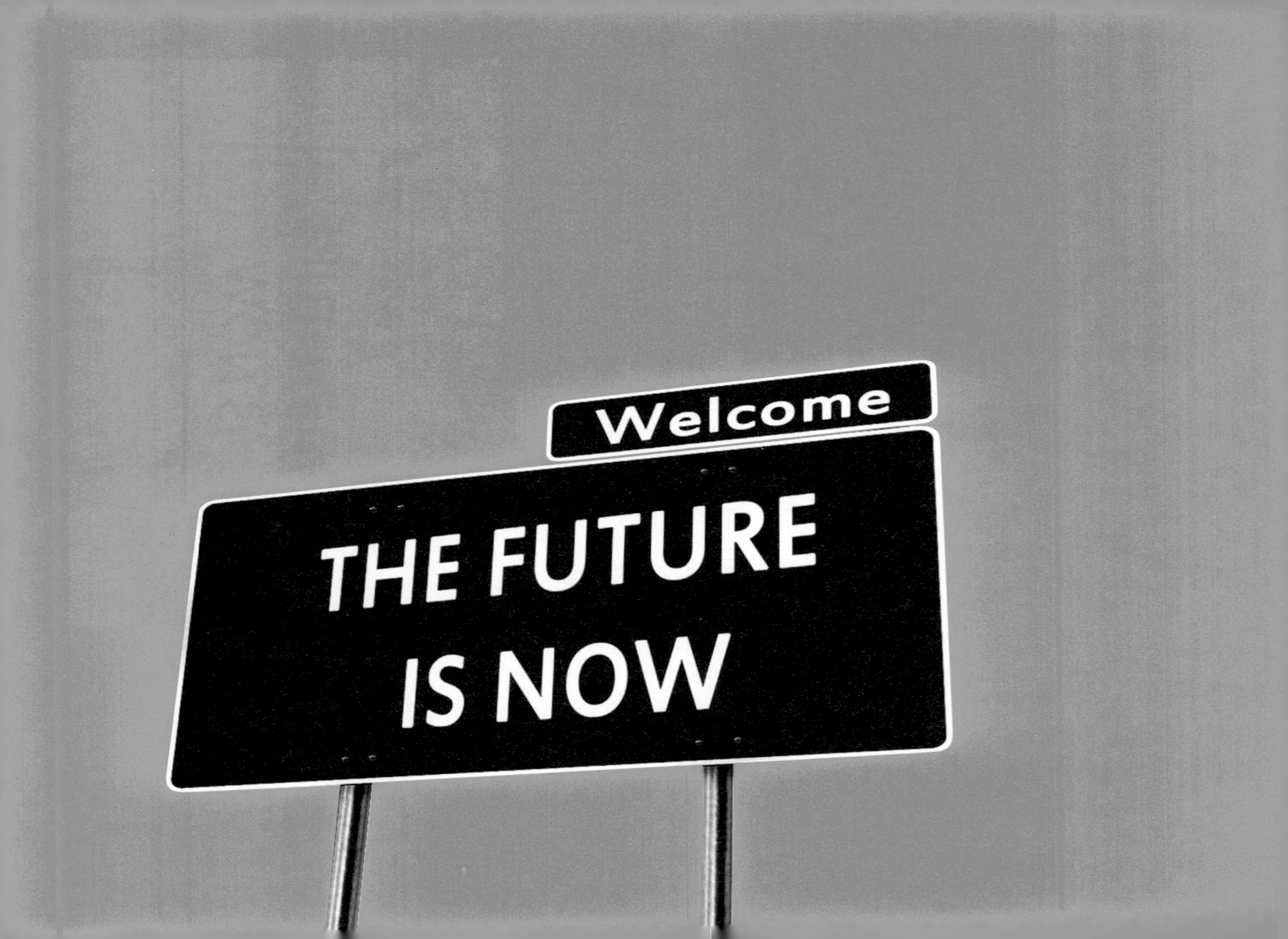
Welcome
THE FUTURE
IS NOW

오직 지금을 살기

아름다운 이 땅에 금수강산에 단군 할아
버지가 터 잡으시고, 홍익인간 뜻으로 나
라 세우니 대대손손 훌륭한 인물도 많아.
고구려 세운 동명왕, 백제 온조왕, 알에
서 나온 혁거세. 만주 벌판 달려라 광개
토대왕, 신라 장군 이사부. 백결선생 떡
방아, 삼천궁녀 의자왕, 황산벌의 계백,
맞서 싸운 관창, 역사는 흐른다.

말 목 자른 김유신, 통일 문무왕, 원효대사 해골 물, 혜초 천축
국, 바다의 왕자 장보고, 발해 대조영, 귀주대첩 강감찬, 서희 거
란족. 무단정치 정중부, 화포 최무선, 죽림칠현 김부식. 지눌 국

69

사 조계종, 의천 천태종, 대마도 정벌 이종무. 일편단심 정몽주, 목화씨는 문익점, 해동공자 최충, 삼국유사 일연, 역사는 흐른다.

황금을 보기를 돌같이 하라, 최영 장군의 말씀 받들자. 황희정승, 맹사성, 과학 장영실, 신숙주와 한명회, 역사는 안다. 십만양병 이율곡, 주리 이퇴계, 신사임당 오죽헌. 잘 싸운다 곽재우, 조헌 김시민, 나라 구한 이순신. 태정태세 문단세, 사육신과 생육신, 몸 바쳐서 논개, 행주치마 권율, 역사는 흐른다.

번쩍번쩍 홍길동, 의적 임꺽정, 대쪽 같은 삼학사, 어사 박문수, 삼년 공부 한석봉, 단원 풍속도, 바랑 시인 김삿갓, 지도 김정호. 영조대왕 신문고, 정조 규장각, 목민심서 정약용. 녹두장군 전봉준, 순교 김대건, 서화 가무 황진이. 못 살겠다 홍경래, 삼일천하 김옥균, 안중근은 애국, 이완용은 매국, 역사는 흐른다.

별 헤는 밤 윤동주, 종두 지석영, 삼십삼인 손병희. 만세 만세 유관순, 도산 안창호, 어린이날 방정환. 이수일과 심순애, 장군의 아들 김두한, 날자꾸나 이상, 황소 그림 중섭, 역사는 흐른다.

'한국을 빛낸 100명의 위인들'이라는 노래의 가사다. 오랜만에 한번쯤 흥얼거려 보면 어떨까 해서 긴 가사를 모두 적어 보았다. 세상에 이보다 더 어마어마한 인물들이 한꺼번에 등장하는 노래가 또 있을까. 곰이었던 조상부터 알에서 나온 선조까지 참 다양하기도 하다. 하지만 대한민국이 그토록 자랑스러워하는 5,000년의 빛나는 역사는 외울 것이 많다는 이유로 학교 수업에서, 대입시험에서 찬밥 신세를 면치 못하고 있으니 이런 아이러니가 또 어디 있을까?

시간의 흐름을 나타내는 것이 역사다. 그리고 역사는 시간이 만들어 낸 하나의 작품이다. 그렇다면 시간은 무엇일까? 알제리에서 태어나 로마의 유명 철학자가 된 아우구스티누스는 그의 저서 《고백론》에서 시간이 무엇인지 간단하게 설명할 수 있는 사람은 없다고 하면서 누군가 자신에게 시간이 무엇인지 물어보지 않을 때는 알고 있지만, 묻는 순간 설명할 수 없게 된다고 말했다. 과거는 지나가 버려 존재하지 않고, 미래는 아직 오지 않았기에 존재하지 않으므로 사실상 존재하는 것은 오직 '지금' 뿐이라고도 했다. 과거는 이미 없고 미래는 아직 없는 것이므로 현실적으로 있는 시간은 현재뿐인 것이다. 그렇다면 과거의 시간과 미래의 시간은 어디에 있는 것일까?

아우구스티누스는 "만약 미래와 과거가 존재한다면 그것이 어디에 있건 간에 거기에는 미래와 과거가 있는 것이 아니라 오직 현재로서 존재하는 것"이라고 말한다. 다시 말해 과거, 현재, 미래의 세 가지 시간은 존재하지 않으며 이것들은 마음속에 세 가지 형태 즉, 과거의 현재, 현재의 현재, 미래의 현재로 존재하는데 마음 밖에서는 볼 수 없다는 것이다. 즉 과거의 현재는 기억이며 현재의 현재는 직감이며 미래의 현재는 기대인 것이다. 그러므로 역사적 시간은 인간이 임의적으로 만든 것이 아니라 치열한 삶을 살았던 사람들의 직접적인 기록이며 살아 있는 현실로서의 시간이다. 우리는 현재의 의식을 갖고 과거의 역사적인 사실을 진짜로 일어났다고 인정하는 것이다.

아우구스티누스의 설명을 빌리지 않더라도 우리는 시간이 무엇인지 설명하기 어렵다는 것을 너무나 잘 안다. 그리고 역사적인 사건과 역사적인 시간은 우리의 삶 속에서 이미 일어난 참된 사건이라는 것도 잘 안다. 바로 여기서 우리는 하나의 중요한 사실을 인정해야 한다. 역사에는 가정이 없다는 사실 말이다. 그럼에도 불구하고 얼마나 많은 드라마나 영화 들이 역사를 왜곡하고 난도질하는지. 영국의 철학자 프란시스 베이컨은 극장에서 공연되는 연극의 내용과 역사는 결코 같은 것이 아니며 연극이 역사를 왜곡시킨다며 극장의 우상을 주장했다. 오늘날 베이컨이 살아 있다면 극장의 우상 대신에 영화나 방송의 우상을 얘기했을 것이다. 역사가 힘 있는 사람들의 이야기라면 역사를 이리저리 난도질해 입맛에 맞게 만들어 내는 사람은 그보다 더 힘 있는 사람이 아닐까?

다시 아우구스티누스로 돌아가자. 아우구스티누스가 배운 것처럼 우리도 어릴 때부터 과거, 미래, 그리고 현재라는 세 가지 시간이 있음을 배우고 가르쳤다. 있는 것이라고는 현재뿐임에도 불구하고 그렇게 가르치고 배운 것이다. 하지만 그 누구도 과거와 미래는 없다고 단정할 수 없다. 그래서 아우구스티누스는 미래로부터 현재가 생겨날 때에는 어떤 숨은 곳에서 나타나는 것이고, 현재로부터 과거가 될 때에는 어떤 숨은 곳으로 들어가 버리는 것

73

이라고 말했는지 모른다.

  어느 누구도 의심하지 않고 나누어 놓은 시간을 아우구스티누스가 이렇게까지 심각하게 고민한 이유는 바로 현재의 중요성 때문이다. 과거와 미래는 결국 현재를 위해 존재한다는 그 한 가지를 말하기 위해 고민에 고민을 거듭한 것이다. 우리가 치열하게 살아 내고 있는 현재를 위해 역사적 시간들이 차곡차곡 쌓여 왔다. 다시 돌아갈 수도, 다시 돌아가서 바꿀 수도 없는 역사이기에 어떠한 왜곡도 난도질도 해서는 안 되는 것이다.

가정은 없다

울릉도 동남쪽 뱃길 따라 87K(팔칠케이)
외로운 섬 하나 새들의 고향
그 누가 아무리 자기네 땅이라고 우겨도
독도는 우리 땅

경상북도 울릉군 울릉읍 독도리

동경 132 북위 37

평균 기온 13도 강수량은 1800

독도는 우리 땅

오징어 꼴뚜기 대구 홍합 따개비

주민등록 최종덕 이장 김성도

& 아우구스티누스

19만 평방미터 799에 805

독도는 우리 땅

지증왕 13년 섬나라 우산국

세종실록지리지 강원도 울진현

하와이는 미국 땅 대마도는 조선 땅

독도는 우리 땅

러일전쟁 직후에 임자 없는 섬이라고

억지로 우기면 정말 곤란해

신라장군 이사부 지하에서 웃는다

독도는 우리 땅(한국 땅)

2012년 2월 '독도는 우리 땅' 발표 30주년을 기념하여 이 곡의

작사가이자 작곡가인 박문영은 현실에 맞게 원곡*을 일부 수정하

---

* 울릉도 동남쪽 뱃길 따라 이백 리
  외로운 섬 하나 새들의 고향
  그 누가 아무리 자기네 땅이라고 우겨도
  독도는 우리 땅

여 다시 발표했다. 그 결과 내용은 30년 전보다 훨씬 현실감 있게 살아났다. 가수 정광태가 이 노래를 부른 뒤 초등학교 선생님들은 독도에 대해서 더 이상 시험 문제로 낼 게 없다는 우스개를 하기도 했다. 독도에 대해 이보다 더 완벽한 공부가 또 있을까?

역사는 결코 거저 주어지는 것이 아니다. 역사는 자연스럽게 만들어지는 것이 아니라 인류가 하나하나 공들여 구성하는 세계이다. 그리고 무엇보다 중요한 것은 역사가 연속성을 가지고 있다는 점이다. 그래서 우리는 역사를 과거에 끝난 것으로

경상북도 울릉군 남면도동 일번지
동경 132 북위 37
평균기온 12도 강수량은 1300
독도는 우리 땅

오징어 꼴뚜기 대구 명태 거북이
연어 알 물새 알 해녀 대합실
17만 평방미터 우물 하나 분화구
독도는 우리 땅

지증왕 13년 섬나라 우산국
세종실록지리지 50쪽 셋째 줄
하와이는 미국 땅 대마도는 몰라도
독도는 우리땅

러일전쟁 직후에 임자 없는 섬이라고
억지로 우기면 정말 곤란해
신라장군 이사부 지하에서 웃는다
독도는 우리 땅

& 아우구스티누스

생각하지 않고 현재와 맞닿아 있다고 느끼고 받아들인다. 그래서 모두들 힘을 가지려고 한다. 현재 내게 힘이 없으면 미래의 나에게서 힘을 찾아야 하는데 미래도 불투명하니 그나마 조금은 더 구체적인 과거에 목을 맨다. 과거에 이러저러 했더라면 지금의 내가 이럴 텐데, 저럴 텐데…… 그러나 그것은 과거의 얘기일 뿐 지금 아무리 그때를 재구성해 봐도 지금의 내 모습은 변하지 않는다.

지금 돌아보면 중학교 3학년도 지긋지긋했지만 초등학교 6학년은 더 지긋지긋했다. 맘대로 과자 하나 못 골랐던 일곱 살 때는 어떤가. 그런데 다시 그때로 돌아가라고? 정말 다행이지 않은가! 다시 돌아갈 수 없다는 것이. 그러니 제발 힘 있는 사람들아, 미래에 역사가 될 지금의 세상을 가지고 장난 좀 치지 마라!

아우구스티누스
Augustinus, Aurelius

아우구스티누스의 저서 《고백론》에 따르면 아우구스티누스는 354년 11월 13일 오늘날 알제리의 타가스테에서 태어났다. 당시 북아프리카 지역 대부분이 그랬던 것처럼 이 지역도 로마 제국의 식민지로 아주 작은 도시였다. 당시 로마 제국에서는 그리스도교를 국교로 인정했기 때문에 로마 제국의 모든 나라에서는 그리스도교를 믿어야 했지만 당시 로마 제국에 강제로 편입되어 식민 지배를 받고 있던 북아프리카와 소아시아 지역의 나라들은 여전히 자신들만의 종교를 믿고 있었다. 아우구스티누스의 아버지 역시 당시 알제리 사람들이 믿던 종교를 믿었고, 어

& 아우구스티누스

머니는 그리스도교를 받아들였다. 바로 이런 상황 속에서 아우구스티누스는 많은 혼란을 겪으며 자라게 된다.

　어릴 때부터 어머니로부터 교육을 받은 아우구스티누스는 종교적으로도 어머니의 영향을 받긴 했지만 그리스도교 영세를 받지는 않았다. 아우구스티누스는 고향과 주변 도시에서 교육을 받은 다음 카르타고로 가서 계속 공부하기를 원했지만 집안 형편이 넉넉하지 못했다. 16살 되던 해 집안 형편이 나아지자 아버지의 뜻에 따라 수사학을 공부하기 위해 카르타고로 간 아우구스티누스는 수사학보다 철학 공부에 몰두한다. 그리고 로마의 유명한 정치가이며, 웅변가였고, 철학자였던 키케로(Marcus Tullius Cicero BC 106~BC 43)의 철학에 빠진다.

　그리스도교를 믿고 신봉한 어머니 모니카는 아들도 자신과 같이 그리스도교인이 되기를 원했다. 하지만 이미 철학의 매력에 빠진 아우구스티누스는 그리스도교보다는 당시 로마 제국에서 이단이라고 비난받던 마니교를 더 좋아했다. 페르시아의 마니는 자신의 이름을 따 마니교를 창설하였는데, 아우구스티누스는 마니교에서 주장하는 우주 생성의 원리가 그리스도교에서 주장하는 것보다 체계적이라고 생각했다.

마니교에 따르면 빛을 다스리는 신 오르마즈드와 어둠을 다스리는 신 아리만이 선과 악, 밝음과 어두움을 만들어 서로 대결하는 것이 바로 우주다. 세상의 변화는 이 두 신의 영원한 싸움으로 생긴다. 예를 들어 인간의 영혼은 빛을 다스리는 신이 만든 선의 법칙에 따라 만들어졌기 때문에 선하고 착하지만, 인간의 육체는 어둠을 다스리는 신이 만든 악에 따라 만들어져 악하고 조잡하다는 것이다. 반면 그리스도교는 선한 하느님이 이 세상을 창조했기 때문에 모든 창조물 또한 선하다고 말한다. 하지만 이 세상에는 얼마나 많은 악과 고통이 존재하는가. 아우구스티누스는 악은 사람이 만들어 낸 것이라고 말하는 그리스도교의 비논리적인 사상을 인정할 수 없었다.

아우구스티누스는 카르타고에 머무는 동안 사랑하는 여자와 동거를 시작했고 아들을 얻었다. 그때 아우구스티누스의 나이 열일곱이었다. 가족을 갖게 된 아우구스티누스는 카르타고에 조그마한 학교를 세워 학생들에게 철학을 가르치며 정착하였고, 어머니 모니카는 늘 아들을 걱정하며 그가 그리스도교인이 되기를 바라고 기도한다. 그 기도 때문이었는지 아우구스티누스는 점차 마니교에 회의를 느끼기 시작한다. 마니교에서 말하는 선과 악의 대결 구도로 이루어진 우주는 이해했지만 이 세상이 끊임없는 선과 악의 투쟁이라면 결국 세상은 파괴되어 사라져 버리는 길밖에는 없지 않겠는가.

이렇게 마니교에 의문을 품을 쯤 로마에 살고 있던 친구로부터 로마의 학생들이 카르타고의 학생들보다 더 착하고 예의 바르다는 이야기를 전해 들은 아우구스티누스는 383년 로마로 건너가 철학을 가르치기 시작한다. 친구의 말대로 로마의 학생들은 친절하고 착했지만 제때 수업료를 내지 않는 일이 흔했고, 그로 인해 생활에 어려움을 겪게 된 아우구스티누스는 철학 강사 자리를 제안 받고 밀라노로 향한다. 그리고 바로 그곳에서 피할 수 없는 운명과 마주하게 되는데, 밀라노 대성당의 주교 성 암브로시우스를 만난 것이다. 당대의 유명한 수사학자이며 철학자인 성 암브로시우스 주교의 설교를 들은 아우구스티누스는 큰 감동을 받았고, 386년, 암브로시우스로부터 그리스도교 영세를 받고 그리스도교 신자가 된다. 어머니의 설득으로 고향으로 돌아온 아우구스티누스는 고향에서 뜻을 같이하는 친구들과 함께 수도회를 설립하고 수도사로서의 삶을 살기 시작한다. 395년 히포의 발레리우스 주교를 대신해 히포 대성당의 공동 주교가 되었고, 다음 해 발레리우스가 죽자 히포 대성당의 주교가 된다. 이후 죽을 때까지 북아프리카에 그리스도교를 전파하기 위해 노력한다.

로마 제국 팽창에 가장 크게 반발한 민족이었던 게르만족, 그 중 반달족이 427년 로마 제국을 상대로 북아프리카를 공격하였고 그때 많은 사람들이 반달족의 공격을 피해 아우구스티누스가 주교로 있던 히포로 모여들었다. 자신을 믿고 찾아온 이들을 위해 봉사와 수고를 아끼지 않았던 아우구스티누스는 430년 8월 28일, 피난민을 돌보다 걸린 전염병으로 세상을 떠나고 말았다. 그의 나이 76세였다. 다음 해인 431년 반달족은 히포를 점령하였지만 아우구스티누스의 고결한 삶과 희생정신을 기려 히포 대성당만은 파괴하지 않고 그대로 보존하였다고 한다.

아우구스티누스는 '좋은 징조' 혹은 '덕망 있는'이란 뜻을 가진 라틴어 아우구스툼Augustum에서 유래한 이름에 걸맞게 그리스도교 신부로서뿐 아니라 중세철학사에도 큰 업적을 남긴 존경받는 사상가였다.

과거와 미래가 왜 현재인가?

만약 미래와 과거가 있다면 도대체 어디에 있는지 나는 알고 싶다. 과거와 미래를 안다는 것이 지금은 불가능할지라도 최소한 나는 다음과 같은 사실은 알고 있다. 즉, 미래와 과거가 어디에 있든 미래와 과거가 있는 그곳에서 시간은 미래도 과거도 아닌 현재라는 것을 말이다. 미래와 과거는 어디에 있든지 단지 현재로서만 있는 것이다.

물론 우리는 과거를 얘기하기도 한다. 하지만 이때 과거는 지나간 사건이나 일 그 자체를 말하는 것이 아니라 기억을 더듬는 것이다. 즉 지나간 사건이나 일 자체가 아니라 지나가는 도중에 감각을 통해 발자국처럼 우리의 마음속에 새겨진, 마음에 품어진 것이 바로 과거다. 예를 들면 나의 소년 시대는 이미 없고, 단지 없는 과거의 시간 속에 있다. 하지만 내가 나의 소년 시대를 얘기할 때는 마음에 품고 있는 지나간 사건을 현재의 시간에 서서 그 시대를 기억하고 바라보고 얘기하는 것이다. 왜냐하면 그 지나간 사건은 여전히 나의 기억 속에 있기 때문이다. 미래를 예견하거나 생각하는 것도 과거와 마찬가지로 비슷하다고 나는 생각한다. 아직 일어나지 않은 사건이나 일을 마음속에 그리거나 품어 현재 있는 것처럼 나타나는 것이 미래이기 때문이다.

(중략)

우리는 미래에 행할 것에 대해서 앞당겨 생각하는 경우가 있다. 이때 '앞당겨 생각한다'는 것은 현재다. 그러나 우리가 앞당겨 생각하는 것에 대한 행동이나 행위 자체는 미래이기 때문에 분명히 현재에는 아직 없는 것이다. 그런데 만약 우리가 앞당겨 생각하는 것에 대한 행동이나 행위 자체를 미래에 하지 않고 지금 한다면 그 행위 자체는 지금 있는 것이기 때문에 현재지 미래가 아니다.

우리는 미래에 대해서 참 많은 예언이나 예감을 신비롭게 한다. 하지만 이런 예언이나 예감이 어떤 성질을 갖든 우리가 볼 수 있는 것은 오직 현재 일어나는 일뿐이다. 하지만 이미 있는 것은 미래가 아니고 현재다. 그러므로 미래의 것을 예언하거나 예감한다는 것은 아직 없는 것이기 때문에 미래 자체는 아니고 단지 미래에 일어날 사건이나 일에 대한 원인이나 이유와 같은 것이다. 그리고 이 원인이나 이유는 미래에 일어나는 것이 아니라 현재 있는 것이다. 그렇기 때문에 예언이나 예감은 미래에 일어날 사건이 아니라 그것의 원인이나 이유를 현재 우리의 정신 속에서 포착해서 말하는 것이다. 그리고 우리의 정신 속에는 이미 포착한 미래의 모습이 있다. 그래서 예언자는 현재 자신의 정신 속에 포착된 미래의 모습을 바라보면서 미래를 예언하는 것이다.

이것에 대한 예는 많다. 그중에서 나는 먼동이 트는 모습으로 설명하겠다. '해가 뜬다'고 우리는 예감한다. 바라보고 있는 그것은 현재이지만 예감하는 그것은 미래다. 여기서 태양은 이미 있기 때문에 미래가 될 수 없다. 여기서 미래는 아직 없는 일출이다. 비록 일출이 미래라 해도 마음속으로 해가 뜨는 일출을 상상하지 않으면 예감은 없다. 일출 전에 하늘에 비치는 서광은 일출보다 먼저 일어나는 현상이기는 하지만 서광 자체만으로는 일출이라고 할 수 없다. 물론 해가 뜨리라는 마음에 생긴 상상이나 생각도 일출은 아니다. 그러므로 서광이나 일출에 대한 마음의 상상이나 생각은 미래에 있을 일출이 현재 나에게 인식된 것이기 때문에 미래가 아니라 현재이다.

이렇게 미래는 아직 우리에게 없다. 그리고 아직 없다면 그것은 없는 것이다. 없는 것은 결코 보이지 않을 것이다. 하지만 이미 있고 보이는 현재의 것으로부터 예언되거나 예감될 수는 있을 것이다.

_《고백론》, 11권 20장, 아우구스티누스.

4

젊음에 넙죽 절하라

&

요한과 예수

사는 것은
경험하는 것이지,
인생의 의미가 무엇일까
고민하는 것이 아니다.

_파울로 코엘료

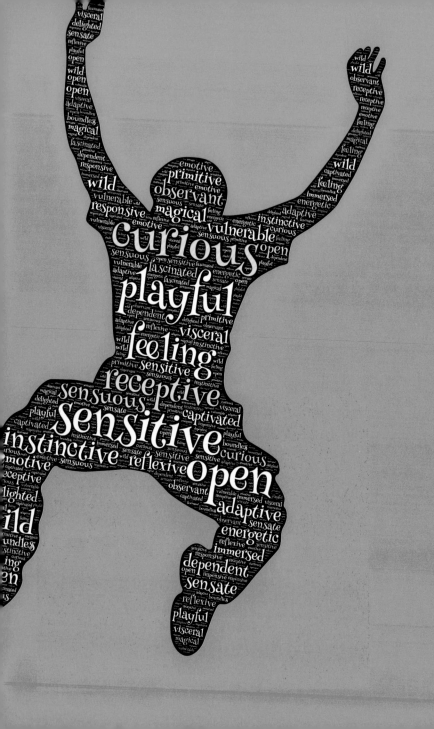

기성세대에게 고함

나는 너희에게 물로 세례를 주지만 내 뒤
에 오시는 이는 나보다 능력이 뛰어난 분
이시니 그는 너희에게 성령과 불로 세례
를 줄 것이다. 나는 그의 신발을 들거나 신
발 끈을 풀 능력도 없는 사람이다. (마3:11)

예수의 생애와 언행을 기록한 복음서인 신약성서에는 마르코,
마태오, 누가, 그리고 요한이 쓴 네 개의 복음서가 있다. 예수의
주변 인물들 중에는 두 명의 요한이 있는데 한 사람은 예수에게
세례를 준 세례자 요한이며, 다른 한 사람은 예수의 12제자 중 한
사람인 사도 요한이다. 사도 요한은 형 야고보와 함께 어부로 지
내다가 예수 그리스도의 부름을 받았다. 세례자 요한은 팔레스타

인 지방에서 설교를 하면서 '심판의 날' 예수가 세상에 올 것을 예언하였다.

신약성서의 네 가지 복음서는 내용은 조금씩 다르지만 대부분 세례자 요한이 예수에게 세례를 주는 것으로 시작된다. 뿐만 아니라 1세기 제정 로마 시대의 정치가이자 역사가인 플라비우스 요세푸스는 유대사에서 요한에 대한 내용을 비중 있게 다루고 있다. 당시 세례자 요한의 명성이 어떠했는지 잘 보여 주는 대목이다. 이런 요한이 자신은 예수의 신발 끈 하나 풀 능력도 되지 않는다면서 스스로를 낮추고 있다.

성전의 사자였던 요한의 아버지는 늦은 나이에 요한을 얻었다. 이스라엘 백성들을 전도하게 될 운명의 아이가 태어난다는 대천사 가브리엘의 계시도 있었다. 요한은 광야에서 설교와 세례를 통해 예수보다 먼저 이스라엘 백성들을 포섭(!)하고 다녔으니, 요한보다 6개월 늦게 태어난 예수와는 정말이지 운명으로 얽힌 사이였던 것이다.

요한은 스스로 충분히 이스라엘 사람들을 전도하고 그리스도가 될 수도 있었다. 하지만 그는 예수에게 그 모든 지위를 넘겼다. 이유는 단 하나, 예수가 요셉의 아들이었기 때문이다. 구약성서에서는 지루하리만큼 길게 아브라함과 다윗 자손들의 계보를 나열하고 있다. 그리고 그 긴 계보는 예수의 아버지 요셉에 이르러서야 끝이 난다. 요셉은 아브라함의 41대 손이며, 예수는 42대 손이다. 그러나 성경에서는 예수가 성령으로 잉태되었으므로 요셉의 자식이 아니라고 한다. 자, 여기서 복잡한 집안 얘기는 접자. 성경은 우리에게 예수는 하느님의 외아들이라고 알려 주고 있으니까. 스스로 하느님의 아들임을 알았는지 몰랐는지, 예수는 관례에 따라 요셉으로부터 세례를 받는다. 이 세례식을 놓고 오늘날 사람들은 성령과 불로 세례를 줄 하느님의 아들이 사람의 아들로부터 세례를 받았다며 그 겸손을 찬양하기도 한다.

세례자 요한의 관점에서 보자. 유대인 사제가 어디 한둘이었겠는가. 그 많은 유대인 사제 중에서 오직 세례자 요한만이 사대 복음서를 통해 기억되는 이유는 무엇일까? 예수의 삶을 이야기할 때마다 빠지지 않고 나오는 사람이 바로 세례자 요한이 아닌가. 다른 사람이 보지 못하는 것을 볼 줄 알았던 세례자 요한. 그게 바로 그가 가진 최고의 재산이었다.

요한은 예수라는 사람의 미래에 투자했다. 젊음이 소중한 건 아직 가 보지 않은 미래가 가득가득 남아 있기 때문이다. 그래서 청춘들은 더 길게 더 오래 방황하는 건지도 모른다. 이 방황을 기성세대는 받아들여야 한다.

요한도 예수도 미래가 불투명하기는 마찬가지였다. 자신들의 미래에 어떤 일이 닥칠지 몰랐을 것이다. 그러나 그들에게는 가브리엘의 계시가 있었다. 요한의 아버지에게 나타난 것처럼 가브리엘은 요셉의 아내이자 예수의 어머니인 마리아에게도 모습을 드러냈다. 요한과 예수는 자신의 미래를 가브리엘이라는 거대한 배경에 걸었다. 그리고 요한은 예수라는 또 다른 가치에 자신의 미래를 투자했다. 그리고 그 투자는 적중했다.

그러나 우리에겐 가브리엘의 계시도 아브라함의 후손도 없다. 있는 것은 젊음뿐이다. 젊음만이 우리가 무조건 투자해야 할 대상인 것이다. 요한이 무엇인가를 기대하고 예수에게 투자했다면, 우리 기성세대는 단지 미래만 보고 젊음에 투자해야 한다. 넙죽 엎드려 절해야 한다. 젊음은 손익과 관계없이 무조건 투자해야 할 대상인 것이다.

워너비(wannabe) 슈퍼스타!

위대한 음악, 전설의 무대, 브로드웨이의 영원한 슈퍼스타!

〈오페라의 유령〉, 〈캣츠〉에 이은 앤드루 로이드 웨버의 또 하나의 명작. 1971년 브로드웨이 첫 공연 이후 전 세계 1억 5천만이 열광한 불멸의 감동! 42개 도시, 전 세계 2억 달러 흥행 수익 기록. 2012년 영국 아레나 투어 오프닝 주간 7만 4천 명 최다 관객 동원! 끊임없는 생명력을 지닌 브로드웨이 영원한 슈퍼스타!

뮤지컬 〈지저스 크라이스트 슈퍼스타〉에 대한 평 중 일부다. 예수의 마지막 7일 간의 행적을 소재로 팀 라이스가 작사를 맡고 앤드루 로이드 웨버가 작곡한 이 록 뮤지컬은 작곡가 웨버가 자신이 쓴 작품 중 "가장 어려운 작품이며, 다시는 만들 수 없는 음악"

이라고 말할 정도로 초연 당시 선풍적인 반응을 불러 일으켰다.

물론 뮤지컬에서의 예수는 그리스도교에서 그려지는 예수와는 조금 (많이?) 다르다. 〈지저스 크라이스트 슈퍼스타〉에 등장하는 신의 아들 예수는 인간적인 측면이 부각되어진 인물이다. 그는 자신의 운명을 끊임없이 고뇌하고 회의하며 자신에게 주어진 길을 계속 가야 하는지 아버지 하느님께 묻는다. 병들고 가난한 사람들에 시달리고 창녀 마리아에게서 안식을 찾는다. 또한 뮤지컬은 자신의 이익을 위해 예수를 팔아넘기고 회개하지 않았던 유다를 민족을 걱정하는 인물로 그려내고 있다.

성경에서의 예수든 뮤지컬에서의 예수든 전 세계에 그리스도교 신자가 26억 명 이상이라고 하니, 셋 중 하나는 그 예수라는 이름에 눈물 흘리며 그를 찬양하고 기도하며 살아간다는 뜻이다. 종교를 떠나 위대한 인물이라 아니 할 수 없을 것이다.

예수가 태어나던 당시 유대는 폭군 헤롯왕이 다스리고 있었다. 별의 움직임을 관측하던 동방 박사들이 세상을 다스릴 왕이 태어난 징조를 읽어 내자 위기 의식을 느낀 헤롯왕은 베들레헴 근방에 사는 2살 이하의 사내아이들을 모두 찾아내 죽이라는 명령을 내린다. 다행히 이집트로 몸을 피한 아기 예수는 목수로 살며 때를 기다린다. 때는 기다리는 사람에게 온다고 했던가. 예수는 그 기회를 놓치지 않았다.

서른 살, 꿈을 펴기에 늦지도 이르지도 않은 나이에 예수는 세상 밖으로 나왔다. 그리고 물고기 대신 사람 낚는 어부를 키우겠다며 제자를 모았다. 솔직히 말해 아버지가 하느님이라는 든든한 배경도 한몫했겠지만 요한을 비롯한 날고 기던 제자들이 그를 믿고 그의 든든한 홍보팀이 된 데에는 분명 그만의 비결이 있었을 것이다. 그것이 그의 학식이든 인간적인 매력이든 결국 그 모든 것이 더해져 믿고 따르고 싶은 사람을 만들어 낸 것이다. **로마 제국의 황제가 제우스, 주피터 다 제쳐 두고 깡시골에서 태어난 예수를 뭘 믿고 그리스도교를 국교로 정했겠는가.** 분열 위기에 처한 제국을 통합하기 위한 수단이었다고 해도 이는 역사적으로나 종교적으로 어마어마한 사건이 아닐 수 없다.

우리가 할 일은 그의 능력을 배우는 것이다. 그에게 가장 큰 장점이 있다면 사람들이 그를 믿고 따르고 싶게 만들 줄 알았다는 것이다. 그는 제자들과 백성들에게 자신의 앞으로 나아갈 길을 분명히 보여 주고 그것을 가능케 하기 위해 스스로 실천하고 인내하며 행동이 필요한 순간에는 누구보다 과감하게 앞으로 나섰다. 그리고 끝까지 자신의 사람들을 믿었다. 이런 사람이라면 누가 믿고 따르지 않겠는가.

성공하려면 한 우물만 파라고 하더니 이제는 이것저것 다양한 경험과 스펙을 쌓는 일이 더 중요하다고 말한다. 다방면에 뛰어난 사람이 인기도 있고 취업도 잘 되고 출세도 한단다. 슈퍼스타 예수는 배운 것도 없고 가진 것도 없고 게다가 활동 기간도 길지 않았다. 세례자 요한과 다른 제자들, 백성들은 도대체 예수의 무엇을 보고 넙죽 절한 것일까?

고급 인력을 전문적으로 스카우트하는 사람 또는 회사를 가리켜 헤드헌터Head Hunter라고 한다. 원래 헤드헌터란 원시 부족들이 상대 부족들의 머리를 잘라 오는 '머리 사냥Head Hunting'에서 나온 말이다. 세례자 요한이 예수의 무엇을 보고 자신의 미래를 걸었는지는 모르겠지만 한 가지 분명한 것은 요한이 투자한 예수라는 상품이 슈퍼스타가 되었다는 것이다. 젊음에 투자하는 모든 사람들이 바라는 것도 마찬가지다. 지금은 아무 보잘 것 없는 당신이 언젠가 슈퍼스타가 되는 것. 그 투자자가 부모든 선생이든, 친구든 선배든, 직장 상사든 고객이든 간에 그들의 투자를 받아 내기 위해 지금 그 자리에서 무엇을 해야 할지 고민하자. "없는 게 메리트라네~ 있는 게 젊음이라네~" 요즘 많이 들려오는 대중가요의 노랫말처럼 있는 거라고는 젊음뿐인, 없는 게 메리트가 될 수 있는 이렇게나 당당한 투자 대상이 또 어디 있겠는가.

99

예수

Jesus

예수 그리스도는 그리스도교뿐 아니라 유대교와 이슬람교 등 여러 종교에서 매우 중요한 인물이다. 예수는 동정 마리아에게 잉태되어 태어난 완전한 사람이며 하느님을 믿는 모든 사람들이 기다린 메시아다. 유대교에서는 예수를 랍비 중 한 사람으로 생각하고, 이슬람교에서는 무함마드보다 먼저 온 예언자로 생각한다. 예수가 실재했던 인물인지 아닌지에 대한 논란이 있지만 성경에서는 예수를 '나사렛의 예수', '요셉의 아들 예수', 혹은 '마리아의 아들 예수'라고 칭한다.

예수라는 이름과 함께 늘 따라다니는 그리스도는 고대 그리스어인 크리스투스에서 유래한다. 크리스투스는 '기름이 발린 자'를 의미하고, 유대인은 바로 이런 크리스투스가 나타나기를 기다렸

던 것이다. 이때 예수가 태어났고 사람들은 이 예수가 바로 메시아라 생각하고 예수 그리스도라고 불렀다.

예수가 태어난 때는 BC 2년에서 7년 사이라고 추정된다. 예수가 태어난 곳은 베들레헴이지만 예수가 '나사렛 사람'으로 불리는 것으로 보아 마리아가 예수를 임신한 곳이 나사렛이고, 베들레헴에서 출생하여 다시 나사렛으로 이사해 성장한 것이라고 보고 있다. 예수의 어머니 마리아는 세례자 요한의 어머니와 친척이고 아버지 요셉은 다윗의 자손으로 목수 일을 하고 있었다. 대천사 가브리엘이 마리아의 꿈에 나타나 그리스도를 잉태할 것이라고 예언한 뒤 예수가 태어났고, 아버지와 함께 목공 일에 전념하며 성장한다. 그리고 세례자 요한을 만나 세례를 받은 후 광야에 나아가 40일 동안 금식 기도를 하며 마귀와 사탄을 뿌리친다. 이후 물을 포도주로 만드는 첫 기적을 시작으로 죽은 사람을 살리는 등 수많은 기적을 일으키며 사람들의 마음을 사로잡는다. 예수가 가는 곳마다 그의 설교를 듣기 위해 사람들이 몰려들었다. 예수의 이런 인기는 로마 제국의 입장에서는 결코 달갑지 않았다.

당시 로마 제국은 이탈리아, 그리스, 북아프리카를 넘어 동아시아까지 식민 통치를 하고 있었고 이런 상황에서 예수의 기적은 식민 지배를 받는 민족들에게 한줄기 빛이고 희망이었다. 결국 로마 제국은 예수를 제거하기로 결정하고 예수는 자신을 따르던 제자들과 함께 빵과 포도주로 마지막 만찬을 하며 조용히 죽음을 준비한다. 예수는 폰티우스 필라투스에 의해 체포되어 사형을 선고받는다.

비록 예수는 그렇게 죽었지만 그를 추종하고 따르는 무리는 결코 줄지 않았다. 로마 제국은 예수를 사형시키고 예수를 따르는 이들을 박해하면 추종자들이 줄어들 것이라고 생각했지만 오히려 그 수는 점점 늘어났다. 예수를 추종하던 사람들은 예수를 신처럼 여기고 그를 찬양하는 노래를 불렀다. 로마 제국이 추종자들을 박해하면 할수록 그 수는 나날이 확산되어 갔다. 313년 마침내 콘스탄티누스 대제는 밀라노 칙령을 통해 로마 제국의 백성들은 어떤 종교를 믿어도 좋다는 발표를 하기에 이른다. 그리고 392년 테오도시우스 황제는 그리스도교를 로마 제국의 국교로 정하게 된다.

세례자 요한

이른바 독립적인 술탄^{sultan}이나 추장이 인도의 여러 지역을 다스렸는데, 이들은 비록 실질적인 권력은 전혀 없이 외국 지배자의 통제를 받았으나 형식적으로는 호위대를 지휘하거나 법을 제정할 수 있었다. 이런 지역은 정책상의 이유로 합병되지 않았기 때문에 외관상으로는 자치 정부와 마찬가지였다. 그러나 '총독'이나 '총독 대리', '총영사' 등이 국가의 수도에 주재하면서 왕과 장관들의 행동을 감독했다. 왕이나 장관은 암묵적인 명령을 잘 따르면 직위를 보전할 수 있었지만, 보이지 않는 감시 세력의 하수인이라는 자신의 위치를 망각하면 그날로 보위에서 쫓겨날 신세였다.

본디오 빌라도(폰티우스 필라투스)는 왕과 장관들의 뒤에 가려져 있지만 확실한 권력을 행사하는 불편한 임무를 맡고 있었다. 그가 통제하는 지역은 상당히 방대하여 한 해에 한 번 정도 예루살렘에 들를 정도였다. 그는 방문 시기를 유대인의 대축제 기간으로 잘 조절하곤 했다. 이렇게 하면 여러 마을을 돌아다니지 않아도 지역 통치관들을 모두 만날 수 있었기 때문이다. 그는 불만 사항을 듣고 해결 방법을 제시했으며,

문제가 생긴 경우에는 질서를 확립시키기 위한 조치를 직접 지시했다. 수도 안에는 그의 궁정이 없었기 때문에 방문할 때마다 왕궁의 한쪽 자락을 이용했다. 이 오래된 건축물의 주인은 이러한 조치가 마음에 들지 않았겠지만, 근엄하고 퉁명스러운 로마의 관리는 유대 왕의 개인적 의견에는 신경 쓰지 않았다. (중략) 게다가 헤롯은 자신이 환영하지 않는 손님을 빠르게 몰아내는 법을 알고 있었다.

(중략)

예수보다 조금 일찍 태어난 요한은 어려서부터 매우 진지했다. 그는 어린 나이에 고향을 떠나 사막으로 들어가 사해의 외로운 바닷가에서 경건함에 대해 묵상했다. 농장의 소란으로부터 멀리 떨어져 나온 그는 사실은 전혀 접해 본 바가 없었던 세상의 사악함에 대해 깊이 생각했다. 그에게는 욕망이나 요구가 없었고 낙타털로 만든 옷이 재산의 전부였다. 그는 목숨을 부지할 정도로만 먹었다. 또한 선조들이 남긴 서책만 읽었으며 주위의 좀 더 문명화된 사람들의 사상이나 행동에 대해서는 아무것도 알지 못했다.

그는 절대적이고 흔들리지 않는 충성심으로 여호와를 경배했고, 자신을 엘리야나 예레미야 Jeremiah 같은 위대한 선지자들과 비교하기 시작했다. 선한 사람이었던 그는 세상 사람들 모두와 자신의 미덕을 나누려고 했다. 늙은 헤롯왕과 그 악한 자식들이 저지르는 패악이나 자신의 동료들이 조상의 율법을 미적지근하게 따르는 것을 목격하고 유대 사람들에게서 오래 전에 잊어버린 것에 대해 이야기해 주는 것이 자신의 의무임을 깨달았다.

그는 초라한 차림새와 격렬한 표현으로 가는 곳마다 사람들을 끌어당겼다. 요한은 더럽고 남루했으며 언제나 긴 수염이 바람에 날리고 있었다. 그가 격정적으로 두 팔을 흔들며 심판의 날이 도래한다고 말하면 마음이 굳은 죄인들조차 두려워했다. 사람들은 곧 이 사람이 바로 오랫동안 기다렸던 메시아일 것이라고 수군대기 시작했다. 하지만 그는 그런 말을 들으려고도 하지 않았다. 그는 메시아가 아니었다. 여호와는 진짜 메시아가 올 날을 대비해 그를 보냈을 뿐이었다. 그러나 신비로움을 좋아하는 사람들은 이런 단순한 말을 믿으려 하지 않았다. 만약 이 사람이 메시아가 아니라면, 그는 적어도 기적을 더 행하기 위해 세상에 내려온 선지자 엘리야일 것이었다. 요한은 이 말 또한 부인했다. 그는 자신이 선택한 역할을 열심히 밀고 나갔다. 자신은 절망과 희망의 소식을 가져다주는 하늘의 미천한 전령에 불과했던 것이다.

모든 죄를 씻어 줄 최후의 불세례 날을 기다리는 동안 그는 회개하는 이들에게 강물로 세례를 베풀어 신앙의 징표로 삼게 했다. 유대 사람들은 몹시 감명을 받았다. 요한의 명성은 급속도로 퍼져 나갔으며, 멀리에서부터 유대인들이 몰려와 그의 설교를 들은 후 특별한 새 선지자의 손으로 세례를 받았다. 마침내 요한의 성공적인 업적이 갈릴리에까지 알려졌다. 예수는 나사렛의 집에서 목수의 도제로서 평화로이 살고 있었다.

(중략)

하지만 성장한 그는 현실 문제에 매우 관심이 많았으며, '세례자 요한'이라 알려진 자에 대해 듣고 난 후에는 나사렛에서 사해로 떠나 요르단 강의 진흙 속에서 세례 받기를 원하는 군중 사이에 섞였다. 자신의 사촌 요한을 보자 예수의 마음은 이상하게 움직였다. 여기 드디어 자신의 신념을 용감하게 밀고 나가는 자가 있었던 것이다.

요한의 태도나 그 공격 방식이 예수의 취향에 딱 들어맞지는 않았다. 예수는 북쪽의 쾌적한 초원지대에서 그리고 요한은 남쪽의 불모지대에서 자랐기 때문에 어린 시절의 경험이 두 사람의 성격을 특징지은 것이었다.

예수는 요한에게서 배울 점이 많다고 느꼈다. 그 역시 세례를 요청했으며, 얼마 후에는 황야에 들어가 고독 속에서 자신의 신념을 추구해 보겠다고 결심했다.

황야에서의 수련 후 그가 돌아왔을 때 요한의 최후가 들이닥치고 있었다. 그 후 둘은 거의 만나지 못했다. 이는 예수의 잘못이라기보다는 통제할 수 없는 상황의 결과였다. 세례자가 여호와의 나라가 곧 도래할 것이라고 설교만 했다면 당국에서도 신경 쓸 필요가 없었다. 그러나 그가 유대 왕국을 비판하기 시작하자 문제는 달라졌다. 불행히도 요한은 왕의 개인적인 생활을 흠잡을 만한 충분한 근거가 있었다.

헤롯은 이복형제 빌립보가 정치적인 문제로 로마에 소환되자 자신의 형수인 헤로디아와 격정적인 사랑에 빠졌다. (중략) 헤롯이 헤로디아를 아내로 맞이하면서 그녀의 딸 살로메는 계부와 살게 되었다. 갈릴리와 유대 사람들은 이 일에 충격을 받았으나 현명하게도 자신들끼리만 이야기했으며 왕의 병사들이 근처에 있을 때는 침묵을 지켰다. 그러나 여호와의 뜻을 실현하는 목자로서 고귀한 의무를 의식하고 있던 요한은 그렇게 사악한 행위 앞에서 침묵할 수만은 없었다. 그는 언제나 어디서나 헤롯과 헤로디아를 비난했다.

(중략)

요한을 체포하라는 명령이 떨어졌다. 그래도 이 선지자는 가만히 있지 않았다. 그는 어두운 감옥 방에서도 간통한 자와 다를 바 없는 이 왕실 부부를 비난했다. 헤롯은 어려운 처지에 빠졌다. 그는 요한이 가지고 있는 신비로운 힘에 겁을 먹고 있었던 것이다. 그러나 사실은 아내의 매서운 말솜씨를 더 무서워했다.

(중략)

살로메는 아주 우아한 댄서였으며 헤롯은 춤추는 그녀의 모습을 좋아했다. 왕비는 딸에게 원하는 것은 무엇이든 해 주겠다고 왕이 약속할 때만 춤을 추라고 지시했다. 살로메는 헤롯에게 춤추기에 앞서 소원 한 가지를 들어 달라 부탁했고 이에 헤롯은 성급하게 그러겠노라고 대답했다. 살로메는 어머니의 요구대로 세례자 요한의 머리를 달라고 이야기했다. 자신의 우둔함을 후회한 계부는 그 소원을 거두어 준다면 왕국을 다 주겠다고 제안했으나 모녀는 완강했으며, 요한은 사형당할 운명에 처해졌다.

선지자가 족쇄로 묶여 있는 구덩이 안으로 처형자가 내려왔고, 얼마 후 요한의 머리는 살로메에게 전해졌다. 세속적 쾌락만을 추구하던 세상에서 용기 있게 진지한 것을 이야기한 요한은 이렇게 세상을 떠났다.

_《명화로 보는 신약 성경이야기》, 헨드릭 빌렘 반 룬, 원재훈 역, 그린 월드, 2013.

5

거리에 서다

&

퍼히테

나는 인간이었다.
그것은
투쟁하는 사람이란 뜻이다.

_괴테

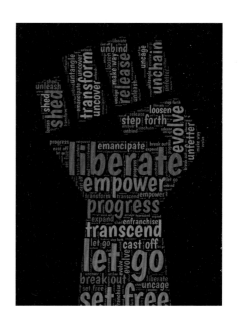

'대한민국 청춘에게 고(告)함'

1960년 3월 15일, 대한민국 제1공화국인 자유당 정권은 이승만을 대통령에, 이기붕을 부대통령에 당선시키기 위해 개표 조작을 단행한다. 이에 마산 시민들과 학생들은 이승만 정권의 부정 선거를 규탄하고 재선거를 주장하는 의거를 일으켰고 경찰의 강경 진압과 무차별 발포가 이어졌다.

그리고 시위 도중 실종된 한 고등학생의 시신이 한쪽 눈에 최루탄이 박힌 채 마산 앞바다에 떠오른다. 그가 바로 고 김주열 열사다. 이제 막 고등학교에 입학한 채 피지도 못한 청춘이었다. 이 사건이 〈부산일보〉를 통해 보도되며 시위는 전국적으로 격화되었고, 4월 19일 무장한 경찰이 대통령 관저인 경무대로 몰려온 학

113

생과 시민들을 향해 발포하자 시위대 역시 무장하여 경찰과 총격전을 벌이며 맞섰다. 전 국민적 저항과 군 지휘부의 무력 동원 거부 결정으로 위기에 봉착한 이승만 대통령은 4월 26일 결국 하야를 발표했고, 이 혁명의 결과로 제2공화국이 출범하게 되었다.

4·19혁명 외에도 우리나라 역사의 중요한 순간에는 늘 학생들이 있었다. 1970년대에는 독재 정권에 반대하여 학생운동을 일으켰고, 80년대에는 민주주의를 위해 뭉쳤다. 그래서 거리에는 항상 학생들과 경찰이 뒤엉켜 있었고, 매캐한 가스 냄새가 자욱했다. 시민들은 일상생활을 하기 힘들다며 불만을 터트렸고, 정부는 학생들이 거리로 나오면 학교를 폐쇄시켜 버리겠다고 엄포를 놓기도 했다.

왜 사람들은, 특히 학생들은 시위를 할까? 누구나 시위를 할 때의 목적은 단 하나, 무엇인가를 바꾸기 위해서일 것이다. 시위의 종류도 한 사람이 하는 1인 시위부터 여러 사람들이 같은 목적을 가지고 하는 집단 시위까지 다양하다. 우리가 데모라고 지칭할 때는 대부분 후자의 경우이며 이때에는 무엇보다 시위자들이 쟁취하고자 하는 목표가 뚜렷해야 한다. 그러기 위해서 필요한 것이 바로 조직적인 움직임이다.

독일의 유명한 철학자 피히테는 '독일 국민에게 고함'이라는 강연과 동명의 저작으로 유명한데, 거기서 피히테는 독일 국민들에게 데모할 것을 선동하고 있다. 나폴레옹에 맞서 싸울 수 있는 정신적인 지도자로서 프리드리히 빌헬름 3세에 의해 베를린대학교의 초대 총장으로 임명된 피히테는 독일이 나폴레옹을 상대로 이기려면 독일 국민들이 변해야 한다고 믿었다. 결국 피히테는 국민들을 선동하기 위해 총장직도 버리고 학생들과 함께 데모대를 이끄는 지식인으로 다시 태어났다.

1805년 나폴레옹의 공격으로 신성로마제국은 무너지고 라인동맹이 결성된다. 프로이센을 중심으로 프랑스의 침공을 걱정한 영국, 러시아, 그리고 스웨덴은 동맹을 맺고 프랑스에 철수를 요구하지만 프랑스의 나폴레옹은 오히려 1806년 프로이센의 예나를 공격하여 승리를 거둔다. 이때 가장 큰 피해를 당한 나라가 독일이다. 프로이센의 프리드리히 빌헬름 3세는 수도 베를린을 버리고 쾨니히스베르크까지 도망가 러시아의 도움을 받는 신세가 되었다.

나폴레옹에게 무릎을 꿇고 의기소침해진 프리드리히 빌헬름 3세는 어떻게 하면 나폴레옹을 이길 수 있을까 고민하던 중 독일의 정신적 재건을 위한 임무를 피히테에게 맡기기로 한다. 국왕에게 대학의 필요성을 강조하고 베를린대학의 개교를 서두른 피히테는 대학을 중심으로 학생들을 변화시키기 시작한다. 나폴레옹 점령하의 베를린대학에서 1807년 말부터 1808년까지 14차례에 걸쳐 강연을 하였고, 그것을 책자로 발간한 것이 바로《독일 국민에게 고함》이다. 피히테는 또한 학생들과 함께 데모를 시작했고 지식인이 중심이 된 애국자 모임을 만들어 특별 강연을 했으며 늘 데모대의 앞에서 시위를 이끌었다. 그들은 단합하였고 독일은 변했다.

한 대학의 총장이자 독일을 상징하는 지식인이 자신의 학생들과 국민들에게 원하는 것을 쟁취하기 위해 어떻게 시위를 해야 하는지 가르친다? 그리고 그것이 가능하도록 국왕이 허락을 했다?…… 생각만 해도 짜릿하다. 그리고 한편으론 씁쓸하다.

피히테라는 지식인이 마음껏 뜻을 펼칠 수 있게 허락한 프리드리히 빌헬름 3세는 1813년 예나 전투의 열세를 딛고 동맹군과 함께 라이프치히 전투에서 나폴레옹의 프랑스를 물리치고 승리를 거두었다. 1814년 나폴레옹이 엘바 섬으로 유배되면서 프로이센을 위협하는 세력은 사라졌지만 피히테는 한발 더 나아가 프로이센의 통일을 위한 기틀을 마련하고자 했다. 그리고 그 시작으로 학생들과 함께 거리에 섰다. 이렇게 독일의 역사는 데모를 통해 새로이 쓰였다.

117

보수주의자의 등골을
서늘하게 하라

모든 역사는 투쟁의 역사이다. 우리의 역사뿐
아니라 세계의 모든 역사는 두 집단의 투쟁으
로 쓰인다. 지키려는 자와 바꾸려는 자, 전자를 보수주의자
라 하고 후자를 개혁론자라고 한다. 언제나 보수주의자보다 개혁
론자들이 더 적극적인 것처럼 보이는 이유는 지키려는 것보다 바
꿔야 할 것이 더 많기 때문일 것이다. 무엇인가를 바꾼다는 건 많
은 것을 버려야 함을 전제한다. 버리려는 마음이 없다면 아무것도
바꿀 수 없다. 버리고 바꾼다는 건 곧 새로운 것을 받아들일 수 있
다는 뜻이다. 그렇다고 항상 보수는 틀리고 개혁은 옳다는 건 아
니다.

그렇다면 국민이 원하는 쪽은 어디인가. 지킬 것이 많은 사람
은 보수를 지지할 테고, 변해야만 산다고 생각하는 사람은 개혁을

주장할 것이다. 보수주의자와 개혁론자. 이제 이들은 자신이 무엇을 지켜야 하는지, 무엇을 바꿔야 하는지를 정립하고 주장하는 것이 아닌 대중이 원하면 지키기 싫어도 지켜야 한다고 주장하고, 바꾸기 싫어도 바꿔야 한다고 주장하는 사람들이 되어 버렸다.

　　나폴레옹의 진정한 속마음을 몰랐던 유럽의 많은 지성인들은 나폴레옹이야말로 독재 군주를 몰아낼 진정한 영웅이라고 생각했다. 지성인의 생각이 이럴 진데 일반 국민들은 오죽했을까. 독일도 예외는 아니었다. 피히테는 어떻게 하면 나폴레옹의 본심을 독일 사람들에게 알릴까 하는 한 가지 생각밖에 없었다. 그리고 그 해법을 교육에서 찾았다.

　　피히테와 그의 후계자들에 의해 교육을 받고 계몽된 독일 국민들은 이제 자유가 무엇인지 알게 되었다. 또한 피히테는 자유가 방종으로 흐르지 않기 위한 교육도 빼놓지 않았다. **피히테가 주장하는 자유는 아주 단순하고 명료하다. 나의 자유를 보장받기 위해서 다른 사람의 자유를 침해하지 말 것, 국가는 법으로 나와 타인의 자유를 보장할 것.**

119

국가가 책임지고 국민을 교육하고 교육 받은 국민 개개인은 타인의 자유를 침해하는 일 없이 자신이 속한 사회나 단체에서 도덕적인 책임을 다할 때 개인의 자유가 보장된다는 것이 피히테의 생각이었다. 바로 여기서 데모의 중요성이 강조된다. **개인이 주어진 모든 책임을 다하였는데도 국가가 개인의 자유를 보장하지 않으면 데모가 필요하다**는 것이 바로 피히테의 생각이었다. 피히테의 이런 생각은 약속을 지키지 않는 국가로서는 무시무시한 선전포고와도 같을 것이다. 반면 상대적으로 힘이 약한 개인의 입장에서는 국가를 상대로 꼭 받아내야 할 약속일 것이다.

쏟아져 나오는 정보와 뉴스들이 홍수를 이루고 있지만 아이러니하게도 넘쳐나는 정보 때문에 오히려 보수주의자들이 무엇을 지키려고 하는지, 개혁론자들이 무엇을 바꾸려고 하는지 알기가 쉽지 않은 요즘이다. 한 가지 분명한 사실은 시대를 막론하고 지키려는 쪽과 바꾸려는 쪽이 있다는 것이다.

유럽의 지식인들이 나폴레옹의 속셈을 몰랐듯이 우리도 보수주의자의 생각과 개혁론자들의 계획을 알 수 없다. 그러나 방관하지 말자. 그들을 놓아두는 순간 우리의 자유는 그들의 손에 넘어 갈 것이다. 젊음 그 자체만으로 등골 서늘하게 만들어 줄 수 있다 는 것을 피히테는 독재군주와 보수주의자들에게 보여 주었다. 우 리 또한 일제 강점기와 근현대의 굴곡진 역사를 지나오며 피 끓는 청춘들이 다져 온 이 땅에서 살고 있지 않은가. 이제 그들이 지키려고 하는 것과 바꾸려고 하는 것이 나의 자유를 옭아매는 것은 아닌지 가리고 따지 자. 가리고 따져서 필요하다면 데모를 하자. 나의 자유를 위해, 타인의 자유를 위해. 젊음이 원하는 것은 단지 자유며, 그 자유를 위해 젊음은 무엇이든 할 수 있다는 사실을 그들에게 알려 주자. 이 시대의 노땅들에게 보여 주자. 젊음이 얼마나 무서운 무기인지!

피히테
Fichte, Johann Gottlieb

피히테는 1762년 현재 독일의 작센 주인 람메나우^{Rammenau}에서 태어났다. 아버지는 짐을 묶거나 선물을 포장할 때 사용하는 끈을 만드는 노동자였다. 당시에는 이런 노끈을 주로 삼베로 만들었기 때문에 삼베를 짜는 노동도 함께했을 것으로 짐작된다. 어머니 역시 가난한 집안 출신이지만 부모 모두 친절하고 이성적인 사람이었다고 알려져 있다.

가난한 어린 시절을 보낸 피히테에게 찾아온 뜻밖의 행운은 어느 날 피히테가 살고 있는 작은 마을을 찾은 작센의 유명한 영주 밀티츠 남작^{Haubold von Miltitz}과의 만남으로 시작된다. 일요일 예배를 절대 거르지 않던 남작은 급한 일이 생겨 예배에 참석할 수 없게 되자 마을 사람들의 추천으로 피히테를 만

나게 되고 피히테는 남작의 부탁대로 목사님의 설교를 한 자도 빠트리지 않고 남작에게 들려주는 심부름을 하게 된다. 피히테의 총명함에 반한 남작은 그 자리에서 가난한 피히테를 위해 귀족학교와 대학까지 후원하겠다고 약속한다. 피히테의 나이 10살이었다.

특별한 기억력 하나로 자신의 운명을 바꾼 천재 소년 피히테는 밀티츠 남작의 도움으로 1780년 예나대학교 신학과에 입학했으나 더 이상 남작의 도움을 받을 수 없게 되자 1788년 스위스 취리히에서 가정교사 자리를 얻게 된다. 그곳에서 자신보다 7살 많은 요한나 마리 란을 만나 사랑에 빠진다.

1790년 다시 라이프치히로 돌아온 피히테는 칸트 철학에 매료된다. 다음 해 쾨니히스베르크로 가서 칸트를 만나 많은 가르침을 받았고, 칸트의 도움으로 《모든 계시의 비판 시도 *Versuch einer Critik aller Offenbarung*》라는 책을 출판하기도 한다. 1793년 란과 결혼한 피히테는 다음 해인 1794년 예나대학교 철학과 교수로 초빙되어 많은 저서와 논문을 남긴다. 하지만 무신론자라는 의혹과 함께 1799년, 결국 예나대학교를 떠나 베를린으로 거처를 옮기게 된다. 베를린에 머무는 동안 피히테는 많은 사상가들과 교류하며 자신만의 철학을 완성한다. 그러나 나폴레옹의 침공은 피히테를 다시 세

123

상 밖으로 나오게 만들었다. 다른 사상가들과 마찬가지로 피히테도 처음에는 나폴레옹을 환영했지만 시간이 지나면서 나폴레옹의 야욕을 알게 되었고, 나폴레옹에 반대하는 운동을 시작하게 된다. 독일의 지식인들을 깨우치기 위해 거리로 나간 피히테는 1807년부터 2년 동안 독일의 모든 사람들을 대상으로 강연을 했고, 이렇게 해서 완성된 책이 바로 《독일 국민에게 고함*Reden an die Deutsche Nation*》이다.

피히테의 부인 요한나 역시 피히테만큼이나 유명한 교육자이며 애국자였다. 스스로 간호 장교로 자원하여 전쟁터로 나간 요한나는 부상 입은 군인들을 치료하다가 발진티푸스에 감염되었고 피히테의 정성스러운 간호 덕에 병석에서 일어났으나 피히테는 그만 발진티푸스가 퍼져 1814년 1월 27일 세상을 떠나고 말았다.

피히테 《독일 국민에게 드리는 부탁》 중에서

역사의 마지막 사람, 역사의 시작인 사람

피히테는 자신이 독일과 독일 국민을 위해 무엇을 해야 할지 알았습니다. 바로 교육이었습니다. 독일 민족은 한곳에 머물면서 자신들만의 언어를 갖고 있었지만, 로마 문화에 익숙해져 있었습니다. 로마 문화는 로마의 언어로 발달하였고 당시 독일의 귀족과 학자들은 국민을 통치하기 위해 로마 언어를 사용하였습니다. 피히테는 국민의 자각 없이는 독일 민족의 발전도 없다고 판단하였습니다. 국민을 깨우치기 위해 가장 필요한 것은 귀족이나 통치자를 위한 교육이 아닌 모든 국민을 위한 교육이라고 피히테는 생각했습니다. 프로이센의 프리드리히 빌헬름 3세를 설득하여 대학을 개교하고 총장이 된 피히테는 나폴레옹 군대의 삼엄한 경계에도 아랑곳하지 않고 독일 국민들을 상대로 강연을 시작하였습니다. 그리고 학생들과 함께 데모도 하였습니다.

피히테는 자신의 연설을 듣는 사람이 깨우치기를 바랐지만, 사실은 독일 국민 전체, 더 나아가 독일어를 사용하는 모든 지역과 독일어를 이해하는 모든 사람들이 자신의 강연을 듣기 바랐습니다. 그리고 그들의 두근거리는 가슴에서 생명의 불꽃이 일기를 바랐습니다.

그렇다면 피히테와 함께 생명의 불꽃을 일으킬 사람들은 누구일까요? 먼저 어린아이 같은 순진함으로 자연을 접하고 범상치 않은 사상적 능력을 가졌으며 선과 덕에 감격할 줄 아는 청년에게 피히테는 자신의 강연을 들어 줄 것을 부탁합니다. 다음으로 자신이 듣고 보고 느낀 것을 직설적으로 말할 수 있는 사람, 지난 역사를 비판하고 종합하여 젊은이에게 들려줄 수 있는 사람, 뿐만 아니라 풍부한 경험을 바탕으로 젊은 사람들의 존경을 받으며 그들을 격려해 줄 수 있는 사람, 즉 노인들에게 자신의 강연을 경청해 줄 것을 부탁합니다. 세 번째, 교육 실무자에게 자신의 강연을 들려주고자 합니다. 피히테는 지금까지의 교육을 받은 사람들은 형식적으로 학교를 스쳐 지나간 것에 불과하므로 수다쟁이에 엉뚱한 허풍선이들뿐이라고 말합니다. 실무자들은 이제 행동을 통해 그들을 벌하고 사고와 학문을 경멸하는 풍토를 바로 잡아야 합니다. 넷째, 사상가, 학자, 문필가입니다. 이들은 지금까지 천박함, 경솔함, 애매함, 혹은 잔재주와 말재간으로 국민들을 참 많이 속였습니다. 이제 이들은 많은 질타와 비난을 받을 것이며, 국민들은 이들을 경멸하고 핍박하게 될 것입니다. 이들에게 무사태평한 시절은 지났다고 알려주어야 합니다. 다섯 번째, 피히테는 자신의 강연을 독일의 영주들이 들어 주기를 원했습니다. 영주의 주변에는 아첨배들과 악랄하게 비방하는 사람만이 있습니다. 영주들은 독일을 위해 전쟁에 참여하기도 했지만 그들 중 대다수는 국민이 아닌 자신을 위해 전투를 치렀습니다. 그러나 국민들은 자신들의 독립과 자주성을 위해 영주의 전쟁에 기꺼이 참여하였습니다. 이러한 국민들의 충심과 헌신을 영주들은 깨달아야 합니다. 피히테는 마지막으로 독일 국민 모두에게 부탁합니다. 한 나라의 국민은 그들이 살고 있는 나라에서 지위 고하를 막론하고 어떤 위치를 차지하고 있습니다. 피히테는 그들이 자신의 자리에서 가장 쉽게 할 수 있는 일이 무엇인지 생각하고 그것부터 시작하길 바랐습니다.

피히테가 독일 국민에게 이런 부탁을 한 이유는 무엇일까요? 위대한 게르만 민족의 부활을 원했던 것일까요? 아니면 신성로마제국의 부활을? 아니면 독일 민족의 통일을 원했을까요?

피히테 이후 독일의 한 공화국이었던 프로이센이 첫 번째 독일 통일을 이룩하였습니다. 이것이 피히테의 힘인지 아닌지는 모르겠습니다. 이후 독일은 1, 2차 세계대전을 주도하면서 더욱더 게르만 민족의 부활을 열망했지만 뜻을 이루지 못했습니다. 그러나 1990년, 독일은 마침내 두 번째 통일을 이룩하였습니다. 이렇게 본다면 피히테가 원했던 것을 오늘날 독일은 모두 이루었습

127

니다.

(중략)

한 사상가의 강연이 게르만 민족의 통일과 독일의 통일을 이루었다고 말하기는 힘들 것입니다. 그러나 분명한 것은 독일을 바라보는 사람들은 피히테를 주목한다는 점입니다. 피히테의 새로운 교육은 피히테처럼 가난하지만 능력 있는 사람들에게 길을 열어 주었고, 어쩌면 이 열린 교육이 오늘의 독일을 만들었는지도 모릅니다. 분단국가이면서 아직 교육이 무엇인지 분명하게 정의 내리지 못하고 있는 우리에게 피히테와 독일은 부러워할 만한 철학자이자 그 철학자의 나라임이 분명합니다.

_《배부른 철학자》, 서정욱, 함께읽는책, 2011.

6

투쟁하라, 변하라, 버려라!

&

헤라클레이토스

세상에
진정한 천재가 나타났음은
바보들이 모조리 결탁하여
그에게 반기를 드는 걸 보면
알 수 있다.

_조너선 스위프트

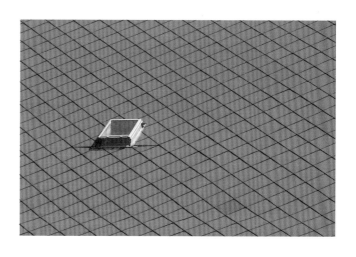

변하라, 남을 것이다!

"도시를 다스리는 일은 수염도 안 난 젊은이들이에게 맡기고, 에페소스에 살고 있는 모든 어른들은 스스로 목매달아 죽는 편이 낫다."

고대 그리스 최대의 무역 도시였던 에페소스에서 태어난 헤라클레이토스가 무지한 민중에게 던진 유명한 독설이다. 끊임없이 물자와 인구가 이동하는 무역의 도시에서 태어나고 자란 헤라클레이토스는 괴팍하고 어두운 철학자로도 유명한데, 거기에 자신보다 현명한 사람은 세상에 없다고 확신할 만큼 스스로에 대한 프라이드도 엄청났던 것으로 보인다. 일례로 사람들과 토론을 하다가 막히는 경우에는 토론을 중단시키고 스스로에게 '자문'을 구한

133

뒤에 다시 하자고 할 정도였다고 한다.

　당시 에페소스의 민주적인 정치 제도도 헤라클레이토스의 눈에는 곱게 보이지 않았으니, 맏아들로서 물려받아야 할 제사장 자리를 동생에게 물려주고 아르키메데스 신전에서 아이들과 놀며 시간을 때우기 일쑤였다고 한다. 아이들 놀이가 어른들의 정치보다 더 잘 돌아간다는 게 그 이유였다. 같은 어른으로서 얼마나 꼴불견이었으면 이런 막말을 했을까.

　고대 그리스 도시 국가에는 '도편 추방'이라는 제도가 있었다. 깨진 도자기 조각을 뜻하는 오스트라콘Ostrakon에서 유래한 이 제도에는 민주주의를 사랑한 그리스 사람들의 의지가 담겨 있다. 특히 아테네에서는 일인 독재를 막기 위해 이 제도를 활성화했는데 시민들은 스스로 판단하여 독재자나 참주가 될 소지가 있는 인물이나 정치 체제에 위협이 될 만한 사람들을 도편추방제를 통해 10년간 도시 밖으로 추방하였다. 도시마다 차이는 있지만 아테네의 경우 6,000명 이상에게 표를 받으면 추방이 결정되었다.

그러나 좋은 의도로 시작한 일이 좋은 결과만을 가져오지는 않는 법. 도편추방제를 통해 정치를 안정시키고 민주주의를 수호하고자 했던 처음의 목적은 제도가 악용되면서 정치적으로 이념을 달리하는 정적을 제거하는 수단으로 변질되고 말았다.

당시 에페소스에는 헤르모도로스라고 하는 현명하고 훌륭한 입법자가 살고 있었는데 그는 또한 헤라클레이토스의 절친한 친구이기도 했다. 그런데 너무 똑똑하고 잘났다는 이유로 에페소스 시민들은 헤르모도로스를 추방시켰고, 화가 난 헤라클레이토스는 "가장 쓸모 있는 인물을 내쫓은 에페소스의 어른들은 모두 목을 매달고 죽어 버려야 한다. 어린애들이 정치를 하는 게 더 낫겠다"며 역사에 길이 남을 독설을 남긴다. 그리고 까칠한 헤라클레이토스는 아무런 미련도 없이 에페소스를 떠났다고 한다.

도편 추방을 당하는 사람은 스스로를 변론하거나 변명할 기회도 주어지지 않았고 심지어 이유도 모른 채 추방을 당하기도 했다. 또 하나 도편 추방과 관련한 재미있는 일화가 있다. 아테네의 정치가이자 '공정한 사람'이란 별명을 가진 아리스테이데스가 한 번은 길을 가는데 글을 쓸 줄 모르는 한 노인이 그에게 추방을 건의할 사람이 있으니 깨어진 도자기 조각에다 이름을 좀 써 달라고 부탁해 왔다. 기꺼이 노인의 부탁을 들어 주기 위해 추방당할 자의 이름을 묻는 아리스테이데스에게 노인은 "그자 이름은 아리스테이데스요"라고 말한다. 짐짓 모른 척하며 왜 그 사람을 추방하려 하느냐고 묻자 노인의 대답은 간단했다. "다른 사람들이 하도 아리스테이데스를 칭찬해서 내가 죽을 때까지 만이라도 더 이상 그 이름을 듣고 싶지 않아서 그러오."

"만물은 흐른다(Panta rei)."

우리는 헤라클레이토스의 철학을 한마디로 '만물유전사상'이라고 부른다. 앞서 말했듯 끊임없이 물자와 인구가 이동하는 에페소스의 환경이 아마도 그의 철학에 적지 않은 영향을 끼쳤을 것이다.

"모든 것은 변하고 변하지 않는 것은 없다."

헤라클레이토스는 심지어 같은 강물에 두 번 발을 담글 수도 없다고 말한다. 처음 발을 담근 강물은 두 번째 발을 담글 때 이미 흘러가고 없으며, 그 짧은 순간의 나 역시 처음 발을 담갔던 나와는 다르다는 것이다. 찰나의 순간에도 변하는 것이 만물의 이치라는 것이다. 하물며 사람의 마음이야 어떻겠는가. 에페소스 사람들은 헤르모도로스를 아끼고 사랑했다. 그러나 결국 자신들보다 더 잘났다는 이유로 추방시키고 만다. 이것이 사람의 마음일까. 이 세상에 존재하는 모든 사람의 수만큼 사람의 마음도 변하고 또 변하는 모양이다.

헤라클레이토스는 아름다운 지중해 바다를 바라보며 항상 중얼거렸다고 한다. 당시 그가 무엇을 그렇게 중얼거렸는지 이해한 사람은 없었으나 그의 중얼거림을 오늘날 우리는 '투쟁은 만물의 아버지'라는 말로 함축한다. 아름다운 지중해를 보고 도대체 그는 무슨 생각을 한 것일까? 그곳에서 왜 투쟁을 떠올린 것일까?

우리가 무언가를 보고 아름답다고 말할 때 그것은 주로 겉모습만 보고 느낀 감정인 경우가 많다. 지중해는 아름답다. 아름다운 산호에 이름 모를 해초와 수없이 많은 물고기들이 무리를 지어 마치 춤을 추듯 모여 다닌다. 이 얼마나 아름다운 조화인가. 하지만 또 다른 광경도 있다. 살기 위해 필사적으로 큰 물고기를 피해 달아나는 작은 물고기, 아름다운 해초에 걸려 빠져나오지 못하고 죽어가는 물고기, 그들에게 바다는 투쟁 그 자체일 것이다.

세상에 변하지 않는 것은 없다. 뿐만 아니라 세상 모든 것은 대립하고 투쟁하는 가운데 의미를 갖는다. 투쟁에서 살아남은 것은

137

계속 변하며 새로운 삶을 이어갈 것이고, 투쟁에서 살아남지 못하면 소멸할 것이다. 그렇기 때문에 헤라클레이토스의 입장에서 볼 때 만물이 유전하는 것은 결국 투쟁의 아버지가 될 수밖에 없는 것이다.

"마른 영혼이 가장 지혜롭다."

불의 철학자라고도 불렸던 헤라클레이토스. 그는 사람이 술에 취하는 것은 영혼이 물에 젖는 것과 같다고 했다. 그래서 맑은 정신으로 살기 위해서는 항상 불과 가까이 하며 영혼이 젖지 않게 잘 다스려야 한다는 것이다. 정신없이 변하는 세상 속, 살아남기 위해 하루하루 전쟁 같은 삶을 살아야 한다면 정신을 바짝 차리자. 내 영혼이 눅눅해지지 않게!

버려라, 얻을 것이다!

"사랑하는 여인의 도움 없이는 국왕의 책무를 다할 수 없습니다. 조금 전 저는 왕위를 포기했습니다."

운명적인 여인과의 만남은 세기의 사랑인가, 최악의 로맨스인가? 1936년 12월 11일, 영국인들은 라디오에서 흘러나오는 국왕 에드워드 8세의 선언에 아연실색한다. 로맨스의 여주인공은 미국의 평민 출신으로 두 번의 이혼 경력을 가진 월리스 심프슨. 왕위에 오르기 전에도 둘의 사랑은 이미 뜨거웠지만 영국 왕실은 당연히 그녀를 백안시했고, 결국 심프슨을 잊지 못한 에드워드 8세는 왕위를 버리고 사랑을 택한 것이다. 현재 영국 여왕인

139

엘리자베스 2세의 큰아버지이자 1936년 대영제국의 국왕이었던 (약 1년 동안) 에드워드 8세의 이 놀라운 로맨스는 20세기 최고의 로맨스로 혹은 최악의 스캔들로 지금도 호사가들의 입에 오르내리고 있다.

왕에서 물러나 '윈저 공'으로 강등된 에드워드 8세는 왕실의 하객은 단 한 명도 참석하지 않은 조촐한 결혼식을 올렸다. 왕실은 윈저 공작 부부의 영국 정착을 금지했고, 프랑스에 정착한 그들은 자식은 없었으나 평생을 해로하며 살았다고 한다.

세계사에는 왕이 되기 위해 가족, 친지는 물론 부모까지 버리는 비정한 왕들의 이야기가 가득하다. 또한 왕위를 지키기 위해 가족을 내치는 경우도 비일비재하다. 하물며 여인과의 사랑 따위야 고려할 거리도 되지 않을 터, 비록 입헌군주의 지위라고 해도 '해가 지지 않는 나라'의 국왕 자리를 사랑 때문에 '쿨'하게 내던지다니. 성공한 왕이 아님에도 역사가 길이길이 기억할 만하지 않은가. 물론 역사는 그를 실패한 왕으로 기록하기도 하지만 그의 동생 조지 6세나 조지의 딸인 엘리자베스 여왕과 같이 왕이라는 지위에 어울리는 강한 책임감을 가진 사람들이 그를 대신하게 되었으니 영국의 입장에서는 손해 본 장사는 아닌 듯싶다.

"술에 취한 사람이 어린아이에게 이끌려 가고 있다. 어디로 가는지도 모른 채 비틀거리며 발걸음을 옮기고 있다. 그의 영혼이 젖어 있기 때문이다."

헤라클레이토스는 술에 취한 사람은 어린아이의 손에 이끌려 자신이 어디로 가는지도 모르는 채 비틀거리며 발걸음을 옮기는 것과도 같다고 말했다. 많은 사람들이 자신이 무엇을 원하는지도 모른 채 시간에 떠밀려, 주위에 휩쓸려, 어딘가로 이끌려 간다. 헤라클레이토스는 훌륭한 정치가였던 친구가 어리석은 민중에 의해 도편 추방을 당하자 나라를 버렸다. 자신의 지위와 남은 평생을 바쳐 사랑할 사람을 만났다고 생각한 에드워드 8세는 왕위를 버렸다. 자신이 원하는 것이 무엇인지 정확히 알았던 그들은 스스로의 삶을 변화시키는 데 두려움이 없었다.

무언가를 버린다는 것. 그것은 철저하게 자유를 의미한다. 헤라클레이토스가 버린 제사장의 자리나 에드워드 8세가 버린 왕위는 누가 봐도 탐나는 자리지만 뚜렷한 삶의 방향을 가진 그들에게는 아무런 가치도 없는 것이었다.

많은 사람들이 많은 것을 버린다. 누군가는 대수롭지 않은 것

141

을, 또 누군가는 아주 중요한 것을 버리기도 한다. **무언가를 버린다는 것을 반드시 더 대단한 것을 얻기 위함은 아니다. 그냥 내가 더 좋은 것을 얻기 위해, 그것을 얻어야 내가 나다울 수 있으니까 버릴 뿐이다.**

"살다 보면 내 속에서 욱하고 올라오면서 그냥 다 때려치우고 싶을 때가 있습니다. 그때 한 번만 더 참으세요. 참지 못하면 그동안 쌓아 놓았던 것을 한 방에 다 날리게 되거나 두고두고 화를 입어요. 힘든 가운데도 참을 때 그 사람의 진가가 드러납니다."

혜민 스님의 말이다. 지금 가진 것이 없다고 슬퍼하지 말자. 최소한 가득 쌓은 후에 한 방에 날릴 일은 없지 않은가? 차곡차곡 원하는 것만 쌓아 갈 수 있으니 이 얼마나 홀가분한 출발인가!

헤라클레이토스
Heracleitos

터키 서쪽 끝에서 지중해로 지는 해를 바라보라! 얼마나 황홀한가! 바로 이런 황홀한 도시 중 하나인 에페소스에서 헤라클레이토스는 태어났다. 하지만 출생년도는 분명하지 않다. 고대 그리스 사람들은 사람이 태어나서 가장 활발하게 활동하는 나이를 40세로 잡고 이 시기를 아크메^{Akme}라고 불렀다. 헤라클레이토스의 아크메를 BC504년으로 잡은 것으로 보아 출생 년도는 BC 540년 경이라고 추측해 볼 수 있다.

헤라클레이토스의 출생보다 더 흥미로운 것은 그의 삶이다. 그의 아버지는 아테네 참주의 후손으로 폴리스로 불리는 도시 국

143

가 에페소스를 지배하는 제사장이자 지도자였다. 가만히만 있어도 아버지의 뒤를 이어 에페소스를 지배하는 자리에 오르게 되어 있었지만 헤라클레이토스는 자신의 차례가 오자 동생에게 돈을 받고 그 자리를 넘겨 버린다.

헤라클레이토스는 모든 것을 단순하게 보지 않고 복잡하게 생각하고 이해했으며 다른 사람들과 잘 어울리지 않았는데, 특히 미신을 믿는 사람이나 무지한 사람들을 매우 싫어했다. 사람들은 그를 어두운 사람이라고 불렀다.

헤라클레이토스는 어른들과 얘기하며 지내는 것보다 어린 아이들과 노는 것을 좋아했고, 자신을 과대평가했지만 남을 모함하거나 멸시하지는 않았다. 다른 철학자들처럼 정치가의 후견인이나 가정교사 자리도 원치 않았고, 페르시아의 다리우스 대왕이 그를 후견인으로 초청하였지만 한마디로 거절한 것으로 보아 정치에도 관심이 없었던 것으로 보인다. 아마도 미래의 원대한 계획이나 행복에 대한 설계보다는 순간을 즐기는 에페소스 사람들의 기질을 그대로 이어받은 것이리라.

헤라클레이토스는 《자연에 대하여》라는 한 권의 책을 남겼는데 책은 일부만이 전해진다. 이 책에서 우리는 그의 만물유전사상과 만물투쟁사상을 만나 볼 수 있다.

헤라클레이토스는 사람의 영혼은 불과 물로 이루어져 있는데 사람마다 그 비율이 다르다고 보았다. 불의 비율이 높은 사람은 영혼도 다른 사람보다 우월하고 고귀하지만 물의 비율이 높은 사람은 그렇지 못하다는 것이 그의 생각이다. 그래서 헤라클레이토스는 술에 취해 비틀거리는 사람을 싫어하고 증오했는데 이는 그 사람의 영혼이 완전히 물로 가득 찼기 때문이다. 그런데 아이러니하게도 헤라클레이토스는 말년에 온몸에 물이 차는 수종을 앓게 된다. 그가 언제 어떻게 죽었는지 분명하지는 않지만 아마도 이 수종으로 인해 죽은 것만은 확실해 보인다. 물을 싫어했던 철학자 헤라클레이토스. 결국 물 때문에 죽게 된 것이다.

물에 젖은 영혼에 불을 쬘 것

헤라클레이토스가 태어난 에페소스는 탈레스가 활동한 밀레토스와 거리상 많이 떨어지지 않은 곳입니다. 그렇지만 헤라클레이토스는 탈레스가 발전시킨 과학, 수학, 그리고 철학에는 별로 관심이 없었습니다. 뿐만 아니라 헤라클레이토스는 탈레스와는 다르게 세상의 원질을 불이라고 생각했답니다.

헤라클레이토스에 따르면 세상의 근본 물질은 불이며, 변하지 않는 것은 아무것도 없고, 세상 어떤 것도 움직이지 않고 가만히 있는 것은 없습니다. 그렇기 때문에 헤라클레이토스는 같은 강물에 두 번 몸을 담글 수 없다고 했습니다. 강물은 계속 흐르기 때문에 처음 들어간 강물과 두 번째 들어간 강물이 같을 수 없는 것입니다.

(중략)

헤라클레이토스가 세상의 원질을 찾았던 가장 큰 이유는 이 세상에서 정말 변하지 않는 것은 무엇일까를 고민했기 때문입니다. 세상의 모든 것은 흐르고 변하지 않는 것은 없다고 주장한 헤라클레이토스였지만 그럼에도 변하지 않는 것은 있다고 믿었던 것입니다. 그것이 바로 불입니다.

자, 불을 한 번 생각해 보세요. 불의 가장 큰 특성은 영원히 타오른다는 것입니다. 그리고 우리가 살고 있는 이 세계는 어떻습니까? 역시 매일 매일 조금씩 변하지만 영원히 존재하고 있습니다. 헤라클레이토스는 꺼지지 않는 불의 속성과 세계의 속성이 같다고 보았습니다. 그렇다면 불의 모양은 어떻습니까? 불의 모양은 항상 변합니다. 마치 끊임없이 변하는 세상의 모든 사물과 같습니다. 헤라클레이토스는 이렇게 끊임없이 변하는 사물들과 불완전한 세계 뒤에는 불이라는 원질이 있다고 믿었던 것입니다. 불의 모양이 아무리 변해도 불의 성질은 남아 있습니다. 그렇기 때문에 세상의 모든 사물들이 변하지 않는 것처럼 보일지 몰라도 실은 타오르고 사그라지는 불의 성질 때문에 항상 변하고 흐른다고 헤라클레이토스는 말합니다.

(중략)

투쟁을 만물의 아버지라고 말한 헤라클레이토스는 불이 다른 사물과 투쟁함으로써 새로운 것이 된다고 보았습니다. 만약 투쟁이 없다면 어떻게 될까요? 당연히 새로운 사물이 생겨나지도 않고, 있던 존재가 사라지지도 않겠죠. 그렇기 때문에 헤라클레이토스는 투쟁이 없는 세상은 너무나 삭막하고 재미없다고 말합니다.

투쟁이 꼭 필요한 이 세상을 헤라클레이토스는 화살과 활을 예로 들어서 설명하고 있습니다. 활은 굉장한 힘이 작용하는 활줄과 휘어진 나무로 만들어져 있습니다. 나무는 자신의 속성에 따라 펴지려 합니다. 반면 활줄은 나무를 잡고 휘어져 있도록 합니다. 이렇게 활은 활줄과 나무가 팽팽한 힘으로 작용할 때 살아 있는 것입니다. 그렇지 못하면 활은 죽은 것입니다.

활의 목적은 결국 살아 있는 생명을 죽이는 것입니다. 활이 생명이라면 화살은 죽음입니다. 이렇게 활과 화살의 관계와는 다르게, 투쟁은 두 가지 중 어느 한 가지라도 우세하면 안 됩니다. 둘 중에 하나가 다른 하나를 이긴다는 것은 곧 다른 것의 사라짐을 의미하기 때문입니다. 그러면 이 투쟁의 관계를 끝까지 지켜 주는 힘은 무엇일까요? 헤라클레이토스는 이것을 로고스^{Logos}, 즉 조화라고 했습니다. 로고스는 투쟁 관계에 있는 두 가지 요소를 다스리는 자연법칙입니다. (중략) 불과 물로 구성된 인간의 영혼이 조화를 이루기 위해서는 불과 물의 투쟁이 계속되어야만 합니다. 어느 한쪽이 이기면 그 사람의 영혼은 병이 들게 됩니다.

헤라클레이토스는 불과 물이 조화를 이루지 못한 상태를 술로 설명합니다. 술에 취한 사람이 비틀거리는 이유는 물이 지나치게 많아 불을 이겼기 때문입니다. 헤라클레이토스에 의하면 인간의 영혼은 항상 말라 있어야 합니다. 인간의 영혼이 완전히 물에 젖은 상태를 헤라클레이토스는 죽음으로 보았습니다.

_《필로소피컬 저니》, 서정욱, 함께읽는책, 2008.

& 헤라클레이토스

7

논리를 부탁해

&

프로타고라스

말도 행동이고,
행동도 곧
말의 일종이다.

_에머슨

논리와 논리 정연 사이

에우아틀로스 선생님, 제가 지금은 수업료 전액을 지불할 여유가 없습니다. 반은 선불로 드리고 나머지 반은 선생님으로부터 열심히 배운 뒤 법정에 서서 첫 공판에 이기면 갚도록 하겠습니다. 원하시면 계약서를 작성하시죠..

우리사회에서 일반적으로 '논리적인 사람'이라는 말은 긍정적이라기보다는 부정적인 표현으로 쓰일 때가 많다. 논리적인 사람이라는 평판은 왠지 말만 번지르르하게 잘한다거나 상대의 말에 사사건건 꼬투리를 잡는다거나 정이 없이 냉정하다는 느낌을 준다. 논리적인 게 무슨 죄라고 이런 억울한 멍에를 쓰게 되었을까? 이유는 단 하나, 말발! 이치에 맞는 사고와 추리로 조리 있게 상대를 제압하는

153

& 프로타고라스

말발, 바로 그것이 상대의 심기를 건드리는 것이다. 그것이 아무리 옳은 말일지라도 말이다.

우리는 어려서부터 마치 대단한 전통이라도 지키듯 '말은 적게, 행동은 무겁게' 할 것을 배워 왔다. 자고로 말만 번지르르한 사람은 믿을 수가 없네, 말이 많은 사람은 품행이 가볍네 하며. 왜 우리 선조들은 말 잘하는 사람을 싫어했을까?

고대 그리스의 상황도 별반 다르지 않았던 것 같다. 말 잘하는 사람보다 어눌한 사람이 더 인기가 있었다고 전해지니 말이다. 그러나 우리가 잘 아는 대로 고대 아테네는 직접민주주의를 실시했고 온 국민(물론 성인 남성)이 모두 정치에 참여하면서 논쟁을 잘해야만 정치적으로 성공하는 시대가 되었다. 정치가 젊은이들의 선호 직업 1순위가 된 것이다. 이제 사람들은 너 나 할 것 없이 말 잘하는 법을 가르치는 선생님 모시기에 혈안이 되었고, 논쟁의 기술인 변론술, 곧 말 잘하는 기술을 가르치는 강사들이 등장했는데 이 강사들이 바로 소피스트들이다. 아무래도 말로 상대를 이기는 기술을 가르치다 보니 이들 중 다수가 궤변론자라는 별명을 얻기도 했다. 그리고 이 많은 소피스트들 중에서도 유독 비싼

과외비를 받는 이가 있었으니 그가 바로 "인간은 만물의 척도"라는 말을 했다고 알려진 프로타고라스이다.

　당시 아테네 시내는 좋은 변론 선생을 찾아 기웃거리는 청년들로 가득 차 있었다. 에우아틀로스도 그중 한 명이었다. 프로타고라스가 실력 있고 유능한 선생이라는 소리를 익히 들었던 그는 프로타고라스를 찾아가지만 비싼 수업료가 문제였다. 아니, 어쩌면 에우아틀로스는 자신이 저 잘난 프로타고라스를 이길 수 있을까 시험을 해 본 것일지도 모른다. 에우아틀로스는 당돌하게도 스승과 '딜'을 한다.

당시 아테네 사람들이 좋아한 직업은 정치가, 예술가, 그리고 문학가 순이었다. 이런 직업을 갖기 위해서는 어느 정도 집안의 뒷받침이 필요했고 그렇지 못한 젊은이들의 경우 말 잘하는 법을 배워 정치가들에게 말 잘하는 법을 가르치거나 법정에서 피고를 대신해 변호를 해 주는 일을 직업으로 희망하기도 했다. 오늘날의 변호사와 비슷하다고 생각하면 될 것 같다. 이 당돌한 청년 에우아틀로스의 꿈이 바로 변호사였다.

프로타고라스는 에우아틀로스의 제안을 받아들였고 두 사람 사이에는 한 장의 계약서가 놓인다. 스승과 제자 사이에 계약서라니 조금 씁쓸하게도 느껴지지만, 여하튼 확실해서 나쁠 건 없으니까.

> 학생 에우아틀로스는 프로타고라스 선생님께 우선 수업료의 절반을 지급하고 나머지 반은 에우아틀로스가 법정에서 첫 번째 공판에 이기면 지급한다.

두 사람은 계약서에 기분 좋게 사인하고 복사하고 코팅한 뒤 한 통씩 나누어 가졌다. 그리고 스승은 최선을 다해 제자를 가르쳤다. 역시 첫 느낌대로 에우아틀로스는 보통 학생이 아니었다. 장강의 앞 물결이 뒷 물결에 밀린다고 했던가! 잠재력이 뛰어난 학생이 능력 있는 선생까지 만났으니 그 실력이 나날이 일취월장 하였다. 프로타고라스는 애지중지 금이야 옥이야 제자를 키웠다. 잘하면 돈 되겠다는 심정으로 말이다.

논리적인 사람이라는 말을 좋은 뜻으로 받아들이지 않는 풍토가 있다고 해도 말을 잘한다는 건 요즘 같은 시대에 큰 행운이다. 내가 하는 일이 무엇이든 간에 타인과의 원활한 의사소통 없이 사회생활을 하는 건 불가능할 뿐 아니라 아예 사회 자체에 편입이 불가능할 수도 있기 때문이다.

우리는 단순히 말을 잘하는 사람에게 논리적이라는 말을 쓰지는 않는다. 깍듯한 예절과 정중한 말솜씨로 상대방에게 자신의 의견을 피력할 줄 아는 사람을 우리는 논리 정연한 사람이라고 한다. 이 말에는 존경할 만한 혹은 본받을 만한 사람이라는 뜻이 내포되어 있다. 말장난 같지만 어쨌거나 논리 정연하려면 논리적인 게 우선되어야 할 것이다. 부정적인 시선이 있든 없든 그것은 그다음의 문제이다.

157

궤변과 논리 사이

프로타고라스   에우아틀로스. 너는 내 제자 중에서 가장 뛰어나다. 너 정도 능력이라면 재판에서 충분히 다른 사람을 변론할 수 있고, 이길 수 있다. 이제 그만 하산하라!

스승은 아주 친절하게 얘기했지만, 우리는 그 속에 숨은 뜻을 읽을 수 있다. "좋은 말로 할 때 나머지 수업료를 가져오렴."

스승만큼 뛰어난 제자가 그 정도 눈치 없을까. 에우아틀로스는 법정에서 남을 대신해 변론만 하지 않는다면 나머지 수업료를 낼 필요가 없다. 수업료의 절반만 내고 다른 학생들이 받는 수업을 다 받는데 급할 게 뭐 있겠는가. 스승에게 열심히 변론술을 배운 제자는 훌륭한 소피스트가 되어 돈도 벌고 명성도 얻지만 정작 법정에 서는 일은 차일피일 미룬다. 애가 타는 것은 스승이다. 나머지 수업료를 받으려면 어떻게든 제자를 법정에 세워 남을 변호하게 해야 한다. 하지만 에우아틀로스의 답은 항상 같았다.

"저는 아직 멀었습니다. 재판은 한 사람의 미래가 달린 아주 중요한 문제이니 선불리 나설 수 없습니다. 스승님께 조금만 더 배우겠습니다."

이 정도면 스승도 제자의 속셈을 눈치챘을 것이다. 프로타고라스가 에우아틀로스의 속마음을 알아차렸다면 화가 날만도 하다. 논쟁에서 지는 사람은 먼저 큰소리를 내는 사람이라고 했던가. 두 사람 다 속을 숨기고 보이지 않는 줄다리기를 하던 차에 결국 프로타고라스가 먼저 에우아틀로스를 도발했다. 법정에 서서 남을 변호한 수임료로 남은 수업료의 절반을 마저 지급하지 않으면 고소하겠다는 것이 프로타고라스의 카드였다. 비범한 제자 에우아틀로스의 대답은 간단했다. 스승님 뜻대로 하소서!

하지만 프로타고라스가 정말 몰랐을까? 재판을 하면 당연히 자신이 질 것이란 것을. 하지만 이미 뱉은 말을 주워 담을 수 없었던 자존심 강한 소피스트 프로타고라스는 짐짓 센 척해 본다.

159

"만약 네가 재판에서 지면 법정의 명령에 따라 나머지 수업료를 지급해야 하고, 네가 재판에서 이기면 우리의 계약에 따라 네가 첫 공판에서 이겼으므로 역시 수업료를 지급해야 한다." 있는 위엄 없는 위엄 다 갖추고 엄포를 놓았으나 그 스승에 그 제자라 하지 않았던가. "만약 제가 재판에서 이기면 법정의 명령에 따라 나머지 수업료를 지급할 필요가 없고, 재판에서 지면 우리의 계약에 따라 제가 첫 공판에서 이기지 못했으므로 수업료를 지급할 필요가 없습니다."

스승은 어떤 경우라도 자신은 돈을 받을 수 있다는 논리를 편다. 반면 제자는 어떻게 해도 자신에게서 돈을 받아 낼 수는 없을 거라며 반박을 한다. 이런 궤변이 있나!

여기서 동양 판 궤변 하나 추가. 기원전 3세기, 중국 전국시대의 명가名家 사상가인 공손룡의 '백마비마론白馬非馬論'에 관한 것이다. 공손룡은 "백마는 말인가?"라는 질문에 "말이라는 것은 형체를 가리키는 개념이고 백이라는 것을 색깔을 가리키는 개념이므로 백마는 백마이지 말이 아니다"라고 주장했다. 이런 궤변이 또 있네!

우리는 프로타고라스와 제자 에우아틀로스의 일화를 놓고 모순이니, 궤변이니, 말도 안 되는 소리니 얘기한다. 공손룡도 마찬가지다. 하지만 공손룡의 백마비마론은 우리가 일상생활에서 일반 개념과 특수 개념을 동일시해 생기는 문제들에 경각심을 일깨우기 위한 비유적 표현으로도 해석된다. 당시 시대적 상황 속에서 명분名分과 실재實在를 혼동하지 않는 올바른 정치가 실현되기를 바라는 뜻이 담긴 명제였던 것이다. 최소한 궤변이라는 말을 붙여주기도 민망한 헛소리들이나 지껄이는 우리나라 정치판에 들려주고 싶은 이야기가 아닐 수 없다.

복잡한 철학은 집어치우고 여기서 우리가 생각해 볼 것은 바로 이것이 아닐까. 프로타고라스나 공손룡의 궤변에 관한 일화가 시대를 막론하고 반복되는 이유는 무엇일까. 말의 모호성이나 논리의 빈틈을 파고드는 궤변론이 그 부정적인 이미지에도 불구하고 철학사에서 한 자리를 차지하는 이유는 무엇일까. 잘은 몰라도 프로타고라스는 에우아틀로스와 계약서를 쓸 때부터 알고 있었을 것이다. 그가 자신을 뛰어넘는 제자가 되리라는 걸. '드디어 적수가 나타났구나! 하하하! 가르칠 맛 나겠어.'

161

논리적인 사람은 상대의 논리에 말려들지 않는다. 논리적인 사람은 논리적인 사람을 좋아한다. 고수는 고수를 알아보는 법이니까. 에우아틀로스를 첫눈에 알아본 프로타고라스가 반값 수업료만 받고 그를 최고의 소피스트로 키운 것처럼, 궤변에 가까운 논리든 논리 정연한 논리든, 논리는 살아가는 데 있어 큰 무기가 될 수 있다.

프로타고라스
Protagoras

프로타고라스는 고대 그리스 북부 지방인 압데라에서 태어난 것이 분명하지만 태어난 연도는 BC490년 무렵으로 추정된다. 아버지는 아르테몬 혹은 마이안드리오스로 알려져 있는데 압데라에서 부자로 살았던 것만은 분명해 보인다. 왜냐하면 페르시아의 크레스크세스가 그리스를 정복하기 위해 원정 길에 올라 압데라를 지날 때 프로타고라스의 집에 머문 것으로 보이기 때문이다.

프로타고라스가 고대 그리스의 또 다른 철학자 데모크리토스의 제자였다는 주장도 있다. 청년이 된 프로타고라스가 압데라 시장에서 짐을 날라 주는 일을 할 때였다. 데모크리토스

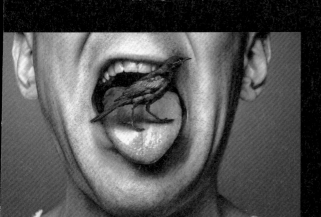

& 프로타고라스

는 프로타고라스가 당나귀 등 위에 장작을 높이 쌓는 모습을 보고는 우연히 철학적인 사고를 발견했다고 한다. 그 일을 계기로 프로타고라스는 데모크리토스의 제자가 되어 그의 집에서 장작도 패고 소소한 일도 맡아 보게 되었다. 이후 아테네에서 유명한 소피스트이자 철학자가 된 프로타고라스는 인간만물척도설과 같은 사상을 설파한다.

말년(BC 411년)에 프로타고라스는 무신론자라는 이유로 아테네 시민에게 고발당했고, 독배를 피하기 위해 배를 타고 아테네로 가던 중 시칠리아 부근에서 심한 파도를 만나 익사하고 말았다. 프로타고라스가 죽은 후 그의 책이 모두 불태워지는 바람에 안타깝게도 소피스트 프로타고라스의 이야기만 전해질뿐 철학자로서의 그의 이야기들은 많이 남아 있지 않다.

달변과 궤변 사이, 말장난은 이제 그만!

한 노예가 있었습니다. 그 노예는 공주를 사랑했습니다.

그러나 공주를 사랑한 사람은 독살형이나 교살형으로 죽인다는 것이 그 나라의 법이었습니다. 하지만 왕은 사형을 집행하기 전에 죄인에게 말을 시켜, 죄인의 말이 맞으면 독살형을 시키고 틀리면 교살형을 시킵니다. 이 죄인이 살기 위해서는 어떤 말을 해야 할까요?

공주를 사랑한 것이 죄가 되는지 아닌지는 모르겠습니다만, 공주를 사랑한 죄로 노예는 죽게 되었습니다. 하지만 법은 참 좋은 것이랍니다. 법에 따라 노예가 한 말이 맞으면 노예는 독약을 마시고 죽어야 합니다. 그리고 그 말이 틀리면 목이 졸려 죽습니다. 노예는 어떻게든 죽을 수밖에 없는 상황인 듯 보이지만 말을 잘하면 살 수도 있다는 것이죠. 과연 노예는 무슨 말을 했을까요?

가정 1

왕　노예가 한 말이 맞으면 독살형을 시킬 것이고, 틀리면 교살형을 시킬 것이다.

노예　나는 독살형을 받을 것입니다.

독약을 마시고 죽는다는 노예의 말이 맞는다고 가정을 하면, 노예는 독약을 마시고 죽을 수밖에 없겠죠. 하지만 다음의 가정은 어떨까요?

> **왕**   노예가 한 말이 맞으면 독살형을 시킬 것이고, 틀리면 교살
> 형을 시킬 것이다.
>
> **노예**   나는 교살형을 받을 것입니다.

노예는 자신은 교살될 것이라고 했습니다. 왕은 노예의 말이
틀릴 경우 교살시킨다고 했습니다. 그렇다면 노예의 말이 틀려야
교살됩니다. 왕이 노예를 교살시키면 노예의 말이 맞는 것이 됩니
다. 노예가 한 말이 맞으면 왕은 노예를 독살시키겠다고 했습니
다. 따라서 노예가 한 말이 맞으면 노예는 교살될 수가 없습니다.
그리고 노예를 교살시키면 왕은 자신이 한 약속을 어기는 꼴이 되
고 맙니다. 법에 따라 노예를 사형시킬 것인지 아니면 자신의 약
속을 지킬 것인지 왕은 이러지도 저러지도 못하고 고민하였답니
다. 아무리 고민을 하여도 답은 나오지 않았습니다. 결국 왕은 스
스로 한 말이 모순이라는 것을 알게 된 것이죠.

  "결국 노예는 살았군요!"

공주를 사랑한 것이 무슨 죄냐며 처음부터 노예가 불쌍하다던 아이가 자기도 모르게 탄성을 질렀다.

"여러분이 왕이라면 어떻게 하시겠습니까? 법을 지키겠습니까? 아니면 약속을 지키겠습니까?"

"당연히 약속을 지켜야죠. 남아일언중천금이라는 말도 있잖아요. 그리고 보통 사람도 아닌 왕의 약속 아닙니까?"

"결과는 나도 잘 모르겠습니다. 이 정도라면 당시 말장난이 얼마나 심했는지 알만하죠. 그래서 정말로 지혜로운 소피스트까지도 궤변론자로 몰리는 일이 있었답니다. 고대 그리스에서는 더 이상 소피스트의 만행을 참지 못하고 소피스트들을 사형시키기도 했습니다. 그때 많은 소피스트들이 죽었습니다."

"독살시켰나요? 아니면 교살시켰나요? 혹 사형을 집행하기 전에 말만 잘하면 살려 준다는 약속 같은 것은 하지 않았나요?"

_《필로소피컬 저니》, 서정욱, 함께읽는책, 2008.

& 프로타고라스

8

자유가 너희를 자유롭게 하리라

&

스피노자

진정한 자유는
지성적이다.
진정한 자유는
훈련된 사고 능력 안에
깃든다.

_듀이

족쇄로 엮인 무리보다
자유로운 왕따가 낫다

"아버지의 유산을 상속할 권한은 내 동생들이 아니라 나에게 있습니다."

"유대교를 버린 사람은 비록 아버지의 유산이라고 해도 유대인의 재산을 가질 권한이 없습니다."

"네덜란드 법정은 종교가 아니라 법에 따라 판결할 뿐입니다."

네덜란드가 낳은 유명한 철학자 스피노자는 네덜란드가 황금기를 맞이했던 17세기, 유럽에서 가장 부유한 도시였던 암스테르담에서 태어났다. 하지만 실제 스피노자의 본적지는 지금의 스페인과 포르투갈의 국경 어디쯤인 것으로 알려져 있다. 스피노자의 아버지가 16세기 말엽 스페인과 포르투갈에서 행해진 종교적 박해를 피해 네덜란드로 이주한 유대인 1.5세대이기 때문이다.

암스테르담의 다른 부유한 유대인 가정의 아이들처럼 어린 스피노자도 유대인 학교에 입학하여 히브리어와 유대 성경에 관한 교육을 받았는데, 유대인 집단이 형성되어 있던 암스테르담에서 어릴 때부터 유대교에 대한 교육을 받는 것은 당연한 일이었다. 어머니와 형을 일찍 여읜 스피노자는 아버지의 뜻에 따라 가업을 물려받을 수밖에 없었으나 장사에는 영 뜻도 소질도 없던 스피노자는 고민에 빠진다.

어려서부터 학문 연구에 뜻을 품었던 스피노자는 결국 오랜 고민 끝에 유대인 랍비가 되는 길만이 유일하게 자신의 꿈을 이룰 수 있는 길이라고 결론 내린다. 그러나 운명처럼 자유사상가인 반 덴 엔덴(Franciscus van den Enden, 1602~1674)을 만나 그에게서 데카르트 철학을 배우고, 민주주의의 힘과 법의 동등함, 표현의 자유, 그리고 코페르니쿠스와 갈릴레이, 케플러 등의 과학을 접하며 완전히 새로운 세계에 눈을 뜨게 된 스피노자는 고민에 빠지기 시작한다. 진정 철학과 종교는 양립할 수 없는 것인가?

그리고 스피노자를 더욱 혼란에 빠트리게 된 사건이 유대교 교단에서 벌어지게 된다. 한 유대인 청년이 유대교가 가르치는 사후 세계에 의문을 품고 그것에 관한 논문을 발표한 것이다. 격노한 유대 교단에서는 청년을 교회 입구에 엎드리게 한 다음 교회 안으로 드나드는 사람들의 발에 밟히는 치욕스러운 벌을 주고 유대교로부터 파문시켰다. 육체적인 고통과 정신적인 모욕을 참지 못한 청년은 결국 자살했고, 이를 지켜본 스피노자의 마음에는 종교와 신앙에 대한 의문이 점점 커져만 갔다.

스피노자가 살던 17세기 유럽에서 기독교에 반기를 든다는 건 상상도 못할 일이었다. 그러나 스피노자는 인간의 '자연권'으로서의 종교 선택의 자유는 물론 사상과 표현의 자유까지 갈망했다. 그리하여 학문 연구에 몰두하며 교회와 점점 멀어져 갔고 그의 이러한 사상과 행보는 유대 교단의 눈에는 위험하기 그지없어 보였다. 결국 스피노자는 스물넷의 나이에 동족인 유대인들로부터 저주를 받으며 파문을 당하게 되는데, 파문의 내용을 보면 이렇다.

"어떤 경우에도 유대인은 스피노자와 가까이해서는 안 되며, 그를 돕거나, 그의 책이나 논문을 읽어서도 안 된다. 뿐만 아니라 시간

173

이 있을 때마다 그를 저주하고 스피노자라는 이름이 태양 아래에서 망해 사라져 버리기를 바라야 한다."

　이 정도 저주라면 유대인들이 얼마나 지독하게 스피노자를 증오하고 미워했는지 알만하다. 하지만 스피노자는 개의치 않았다. 유대인들은 자신들이 스피노자를 파문하여 추방시켰다고 생각했지만 스피노자는 스스로 유대인 집단으로부터 해방되어 자유를 얻었다고 생각했다. 스피노자는 마음껏 철학과 과학 연구에 몰두할 수 있었고, 눈치 안 보고 종교를 비판하고 그에 관한 책을 쓸 수 있었다. 파문을 당함과 동시에 재산까지도 유대인의 통제를 받아야 했던 스피노자는 법정에 서서 자신의 권리를 주장하였고, 결국 네덜란드 법정은 스피노자의 손을 들어 주었다. 그러나 스피노자는 힘들게 돌려받은 유산을 남동생과 두 여동생에게 다시 나누어 주었다. 그에게는 처음부터 자신의 주장이 옳음을 증명하는 것만이 중요했던 것이다.

　스스로 유대인이라는 정체성과 동시에 '누구와도 같지 않은 고유의 존재'인 개인이라는 정체성을 잊지 않고 지키려 했던 스피노자.

17세기 유럽 사회를 억누르던 종교적, 민족적 틀은 스피노자에게는 비합리적이고 폭력적인 쇠사슬에 불과했다. 그 쇠사슬을 끊어 버리고 자유사상가가 된 스피노자는 당시 네덜란드의 많은 젊은이들에게 개혁적인 사상의 힘을 보여 주는 나침반이 되었다. 그리고 네덜란드는 그러한 젊은이들에 의해 점차 급진적이고 자유로운 사상이 넘실대는 나라가 되었다. 마약과 매춘, 동성 간 결혼, 동성부부의 자녀 입양까지 합법인 나라, 네덜란드가 현재 지구상에서 가장 자유롭고 관용적인 나라가 된 데에는 바로 스피노자에서부터 시작된 종교의 자유 논쟁이 있었던 것이다. 개인이 쟁취한 자유가 얼마나 큰 힘을 발휘할 수 있는지, 이만한 예가 또 있을까.

너의 무대에서
마음껏 춤춰라

"내일 지구가 멸망해도 나는 오늘 한 그
루의 사과나무를 심을 것이다."

"지구 멸망 D-1" 마야 달력에 세계 들썩

○ ○ 일보 | 31면 | 2012. 12. 20 | 네○ 버뉴스

"프랑스의 작은 마을과 세르비아, 터키의 한 마을 등은 종말의
날 피난처가 될 것이라는 소문이 돌면서 각국에서 몰려든 사람
들로 장사진을 이뤘다. 미국에서도 종말론이 기승을 부리자 일
부 학교가 수업을 취소하는 소동을 벌이기도 했다.

중국도 종말론으로 몸살을 앓고 있다. 마야 문명의 달력에 대한
오해로 사이비 종교 '전능신全能神'의 신도 1천여 명이 종말론을
유포한 혐의로 경찰에 체포되었고, 흉기 난동 사건까지 발생해

많은 사람이 구속되었다.

필리핀에서는 자신을 예수가 보낸 예언자라고 주장한 인물이 나타나 자신을 따르는 이에게 '종말의 날'을 알려주겠다고 주장하고 있다."

2012년 12월 20일. 그해 초부터 전 세계를 떠들썩하게 한 지구 종말론자들의 지구 멸망 D-Day를 하루 앞둔 시점. 중국에서는 지구 종말론을 주장하는 '전능신'이라는 종교가 등장해 정부가 골머리를 앓았고, 세계적으로는 안전한 곳을 찾아 집을 버리고 떠나는 사람들이 적지 않았으며, 일각에서는 생필품 사재기 현상까지 일어났다. 그러나 마야 문명을 연구해 온 인류학자들과 고고학자들은 이날이 5125년을 주기로 돌아가는 마야 달력의 마지막 날일 뿐 지구의 종말을 뜻하는 것은 아니라고 일축했다.

그 옛날 마야 문명은 세 가지 종류의 달력을 갖고 있었는데 주식인 옥수수의 성장 주기에 따른 260일 달력, 지구의 공전 주기에 따른 365일 달력, 그리고 지구의 대주기에 따른 5125년 달력이 그것이었다. 그리고 마야의 대주기 시작일은 기원전 3114년 8월 13일로 이 대주기기 끝나는 날이 바로 2012년 12월 21일이었던 것이다. 그리고 이날을 즈음해 지구상의 많은 어리석은 사람들이 스스로 목숨을 끊거나 사이비 종교 단체에 온 재산을 헌납하는 소동이 벌어졌으니 참으로 안타깝고 참담한 일이었다. 지구 종말이라는 같은 전제를 두고도 스피노자처럼 한가로이 사과나무를 심겠다는 사람이 있는가 하면 공포에 사로잡혀 이성을 잃고 지푸라기 신이라도 잡아 보겠다고 발버둥치는 사람도 있었으니 역시 사람은 위급한 순간이 되어야만 본성이 드러나는 것일까.

부유한 유대인 가정의 귀한 아들에서 파문당한 가난뱅이로, 유대 교단을 이끌어 갈 모범생에서 급진적 사상을 설파하는 자유사상가로, 스스로를 온실 밖 황무지로 몰며 원하는 일을 할 수만 있다면 가진 것 모두를 기꺼이 내려놓고도 그저 낙천적이고 자유로웠던 스피노자. 그가 정말 지구 종말의 날 사과나무를 심겠다고 했는지, 망고나무를 심겠다고 했는지, 혹은 어떤 말도 한 적이 없는지는 역사가들이나 따지게 하자.

신은 존재할까? 존재하지 않을까? 스피노자는 유대인이 믿는 신만이 신은 아니라고 하였다. 그는 이 세상에 존재하는 모든 것에 신이 있다고 하였고, 이를 우리는 범신론이라 부른다. 스피노자는 세상에 존재하는 모든 자연 속에 수없이 많은 신이 있고, 세상에 존재하는 모든 것들이 생겨나고 소멸할 때까지의 모든 일들이 이미 다 결정되어 있다고 생각했다. 이것을 우리는 스피노자의 결정론적 세계관이라고 한다.

모든 것이 결정되어 있다고? 그렇다면 무슨 재미로 인생을 사나? 스피노자에 따르면 이 세상에 존재하는 모든 것들은 이미 모든 것이 예정되어 있다는 사실을 모른다. (마치 여러분과 내가 이 책을 통해 이렇게 만나게 되리라고 생각지도 못했던 것처럼.) 그렇기 때문에 이 세상에 존재하는 모든 것들은 자유롭게 자신의 삶을 영위하며 살아간다. 그렇다면 이미 모든 것이 예정되어 있음을 알고 사는 것과 모르고 사는 것의 차이는 무엇일까? 이는 마치 우리가 축구 경기의 규칙을 알고 시합을 보는 것과, 전혀 모르고 시합을 보는 것의 차이와 같다. 어떤 경우 축구를 더 잘 즐길 수 있을까? 선수들이 전후반 몇 분을 뛰는지, 한 팀의 선수는 몇 명으로 구성되어 있는지, 어떤 경우에 옐로우 카드를 받는지도 모른 채 축구를 보는 것과, 경기의 규칙, 선수들의 이름, 특징, 팀의 전적, 감독의 성향 등을 알고 축구를 보는 것,

어느 쪽이 더 축구 경기에 매료되겠는가? 어느 쪽이 좀 더 여유롭게 치맥을 즐기며 경기를 관람하겠는가?

스피노자의 생각도 이와 같았다. **결정론적 세계관이라는 말이 마치 '모든 것은 이미 결정되어 있으니 너는 수고롭게 무언가를 바꾸려고 노력할 필요가 없다'는 말로 들린다면 그건 큰 오산이다.** 물고기가 물 밖으로 나와 사는 것이 자유가 아니듯 인간도 신이 만들어 놓은 자연 법칙 안에서 자유롭게 자신의 삶을 영위하며 살아야 한다는 것이 스피노자의 생각이었다. 내일 지구의 종말이 와도 오늘 한 그루의 사과나무를 심겠다는 것은 바로 그러한 삶의 자세를 보여 주는 말이다.

철학과 과학에 매료되어 어릴 때부터 교육받은 안정적인 유대교 랍비의 길을 거부하고, 아버지의 뒤를 이어 거대한 회사를 꾸리는 일도 마다한 채 동생들에게 아버지의 유산을 모두 돌려준 스피노자. 네덜란드에서는 유대인이라는 이유로 공직에 나갈 수 없었던 자신을 독일의 하이델베르크대학에서 철학과 교수로 초빙하였으나 그것마저도 자유로운 학문 연구에 방해가 될 수 있다고 판단하여 거절한다. 명예와 부, 권력을 쫓지 않고 평생 다락방에서 자기가 하고 싶은 연구를 하며 살았지만 그 정신세계만큼은 누구보다 자유로웠던 스피노자. 자유란 욕망대로 사는 것이 아니며 부와 권력으로부터 자유롭지 못하면 노예의 삶을 살 수밖에 없음을 몸소 보여 준 철학자.

나를 둘러싼 환경에 속박당할 것인가, 한평생 즐기며 놀 무대로 만들 것인가는 모두 우리의 손에 달려 있다. 무대의 막은 언젠가 내려가지만 그 무대 위에서 춤을 추고 노래하는 시간은 온전히 우리의 것이다. 조금 더 자유롭게 조금 더 주인의식을 갖고 나의 삶을 컨트롤해 보는 건 어떨까?

181

스피노자
Spinoza, Baruch

바뤼흐 스피노자는 포르투갈에서 그리스도교의 유대인 탄압을
참지 못하고 네덜란드 암스테르담으로 이주해 온 유대인의 가정
에서 1632년 태어났다.

다섯 살 때 스피노자는 아버지의 뜻에 따라
유대인 학교에 입학했고 이때부터 전통적인
랍비 교육을 받았다. 하지만 스피노자는 누
구보다 천재적인 소년이었다. 1950년 라틴
어 선생님인 반 덴 엔덴과의 만남은 스피노자
를 다른 사람으로 만들기에 충분했다. 라틴어와
그리스어, 그리스도교에 대해 배우면서 유대인들의 생각과 유대
교의 교리에 의문을 품기 시작했던 것이다. 특히 1651년 데카르
트 철학을 접하면서 스피노자는 유대인 집단과 거리를 두기 시작

한다. 그리고 당시 유행하던 고대 그리스 철학에 점점 더 깊이 빠져들던 스피노자는 1660년 유대인 신을 모독하고 비판했다는 이유로 결국 유대인 집단으로부터 추방당하고 만다. 이후 스피노자는 베네딕투스라는 라틴어 이름으로 개명하고, 틈 날 때마다 익명으로 쓴 논문과 책을 발표해 조금씩 이름을 알리기 시작한다.

1673년 독일의 하이델베르크대학교 철학과에서 스피노자를 교수로 초빙하겠다는 뜻을 전해 오지만 스피노자는 자신의 자유로운 생각과 사상이 다른 사람들로부터 침해받을 수 있다고 판단하고 교수 초빙을 거절한다. 이후 죽을 때까지 자신의 철학적 사고를 위해 모든 것을 바친 스피노자는 단칸방에서 생계를 위해 렌즈를 깎으며 열악한 환경과 싸우다 1677년 45살의 나이로 세상을 떠나고 만다. 병명은 분명하지 않지만 폐에 문제가 생겼던 것으로 추정된다. 스피노자가 죽고 난 뒤 그가 1775년에 완성한 《윤리학》이 출판된다. 우리는 대부분의 그의 사상을 바로 이 책을 통해 살펴볼 수 있다.

183 유대인의 오디세이

그리스어로 '흩뿌리거나 퍼트리는 것'을 뜻하는 디아스포라를 우리는 '민족의 이산^{離散}' 혹은 '이산'이라고 한다. 즉 디아스포라는 특정한 인종 집단이 자의든 타의든 살던 땅을 떠나 다른 지역으로 이동해 새로운 땅에 정착해 자리 잡고 사는 것을 말한다.

유대인들은 기원전 6~5세기 사이에 바빌론으로 강제 이주를 당하는데 이것을 역사에서는 '바빌론의 유폐'라고 표현한다. 그리고 이것이 유대인에게는 디아스포라의 시작이라고 할 수 있다. 바빌론의 유폐 이후 유대인의 디아스포라는 유럽 역사의 대서사시 중 하나로 오늘날까지 이어지고 있다. 특히 70년 로마인의 예루살렘 점령으로 인한 유대인의 디아스포라는 유대인이 모든 대륙 모든 나라로 흩어진 계기가 되었다. 그들은 그리스도교와 마호메트교 신자들로부터 박해와 핍박을 받고 학살당하는 수모를 겪었으며, 토지를 소유하지 못하고 상업을 할 수 없었기 때문에 그들만의 거주 지역인 게토에 갇혀 지내야만 했다. 이렇게 정치적 조직도, 사회를 유지할 법도, 공통 언어도 없었던 이 놀라운 민족은 독자성을 잃지 않고 종족과 문화를 유지하면서 그들만의 집요한 애착으로 의식과 전통을 지키며 끊기 있게 구원의 날을 기다렸다. 시간이 지나면서 유대인의 수는 점점 늘었고 사회 각지에서 명성과 부를 쌓기 시작했다. 유대인들은 바빌론 유폐 이후 2500년 이상의 방랑 끝에 고향 땅을 회복하였다.

로마인의 예루살렘 점령 이후 지중해를 따라 아테네, 이집트의 알렉산드리아, 로마, 마르세유, 그리고 스페인의 도시로 유대인들의 디아스포라가 이루어졌다. 유대인의 디아스포라는 크게 두 갈래로 나뉘는데 하나는 다뉴브 강과 라인 강을 따라 폴란드와 러시아로 이동하는 것이고, 다른 하나는 이슬람계 민족이지만 이베리아 반도와 북아프리카에 살았던 무어족들과 함께 스페인과 포르투갈로 이동하는 것이다. 이렇게 이산된 유대인들은 유럽 전역에서 상업과 금융업으로 터전을 마련하였고, 이베리아 반도에 정착한 유대인들은 이슬람 문화를 받아들여 수학, 의학, 그리고 철학을 중심으로 코르도바, 바르셀로나, 혹은 세비아의 유명한 학교에서 독자적인 문화를 발전시켰다. 이렇게 유대인들은 12세기부터 13세기까지 고대 그리스 문화와 동양 문화를 유럽에 전달하는 역할을 담당하였다.

하지만 유대인의 이베리아 반도에서의 전성기도 오래가지 못했다. 유럽 사람으로는 처음으로 콜럼버스가 아메리카 대륙에 도착한 해인 1492년 당시 스페인의 왕이었던 페르디난드는 그라나

다를 정복하고 무어족을 몰아내는 데 성공한다. 이슬람교의 권력 아래서 자유를 즐기던 유대인들은 이베리아 반도에 머물기 위해 그리스도교로 개종하든지 재산을 몰수당하든지 선택해야 했다.

유대인들은 이베리아 반도에 머무는 것보다 훨씬 더 어려운 쪽을 택했다. 또 다시 유대인의 디아스포라가 시작되었다. 유대인 중 일부는 배를 타고 제노바 등 이탈리아의 도시로 가려 했지만 입항이 거절되어 두 갈래로 흩어졌다. 대부분은 아메리카로 향했고, 나머지 일부는 베니스에 정착하여 해상 지배권을 확보하는 데 성공했다. 또 다른 일부는 대서양을 건너 영국과 프랑스보다 관대했던 네덜란드에 정착했다. 네덜란드에 정착한 유대인 중에는 '에스피노자'라는 성을 가진 포르투갈 출신의 유대인 가족이 있었다.

네덜란드에 정착한 유대인들은 1589년 처음으로 유대교 교회를 암스테르담에 세웠다. 이후 그리스도교 신자들의 도움으로 또 다른 교회를 세울 정도로 네덜란드에서 유대인의 생활은 만족스러웠다. 하지만 17세기 중엽 유대교 내부에서 생긴 신앙적인 분쟁은 그들의 평화를 앗아 갔다. 포르투갈 포르토에서 태어나 역시 암스테르담으로 이주한 정열적인 유대인 청년 우리엘 아 코스타

(Uniel a Costa, 1585~1640)는 르네상스의 영향을 받아 종교철학자로 또 종교비평가로 잘 성장하였다. 자유로운 사상을 가진 우리엘 아 코스타는 내세 신앙에 대해 비판적인 내용의 논문을 발표하였고 유대인 집단에서는 이 내용이 유대교 교리에 어긋나는 것은 아니지만 자신들을 관대하게 받아 준 네덜란드 사회에 불쾌감을 줄 수 있다고 판단해 우리엘 아 코스타에게 공개적으로 사과하고 논문을 취소할 것을 강요하였다. 우리엘 아 코스타가 쓴 내세 신앙에 대한 비판은 유대교 교리에만 해당되는 것이 아니라 그리스도교 교리에도 해당되는 것이었으며 네덜란드는 그리스도교의 본질에 대해 공개적으로 공격을 받으면 상대가 누구든 용서하지 않고 적대시하였다.

유대인 집단이 우리엘 아 코스타에게 내린 벌은 끔찍했다. 우리엘 아 코스타가 유대인 교회 입구에 엎드리고 교인들은 그의 몸을 밟고 교회를 출입했다. 참을 수 없는 치욕을 견디고 집으로 돌아온 우리엘 아 코스타는 유대인 집단을 격렬하게 비난하는 글을 남긴 뒤 총으로 목숨을 끊고 말았다.

스피노자 파문 내용 전문

교회협의회의 간부 모임에서는 바뤼흐 데 에스피노자의 잘못된 생각과 그릇된 행동을 충분히 확인하였다. 우리는 여기서 여러 가지 방법과 약속으로 잘못된 길을 가고 있는 그를 구하려고 노력하였음을 먼저 밝힌다. 하지만 이런 방법으로는 그를 올바른 길로 이끌 수 없었다. 그는 아주 위험한 이단에 대한 사상을 갖고 있으면서도 오히려 아주 뻔뻔스러운 방법으로 남들에게 이단의 내용을 알리고 선전하고 있다는 것을 우리는 매일같이 확인하였다. 신임이 두터운 많은 사람들이 이런 사실을 증언하였고, 에스피노자 본인도 이를 인정하였다. 따라서 교회협의회의 간부 모임은 이런 사실을 다시 한 번 조사하여 사실이 밝혀졌기 때문에 에스피노자를 파문하고 이스라엘 민족으로부터 추방하며 이 시간부터 다음과 같은 저주로 영원한 형벌을 받게 할 것을 결의하였다.

천사의 심판과 성인들의 판결에 따라 우리는 614조의 계율이 기록된 성스러운 책 앞에서 교회협의회 전원의 동의를 받아 엘리사가 어린아이를 저주한 주문과 율법 책에 적혀 있는 모든 저주로 바뤼흐 데 에스피노자의 파문

을 선언하고 질책하며 또 저주하고 추방한
다. 그는 낮에도 밤에도 저주받고, 잘 때와 깨
어 있을 때도 저주받으며, 나갈 때와 들어올
때에도 저주받는다.

주님께서는 그를 용서하지도 인정하지도 마시며, 주님의 노여
움과 증오가 이자를 향해 불타게 하시며, 율법 책에 적혀 있는 모
든 저주를 이자에게 짊어지게 하시어 하늘 아래에서 이자의 이름
을 지워 버려 주소서! 주님께서는 이자의 악으로부터 이스라엘의
모든 민족과 종족을 보호하여 주시고, 율법 책에 적혀 있는 하늘
의 모든 저주로 이자를 괴롭혀 주소서! 하나님이신 주님께 복종하
고 따른 모든 사람에게는 오늘 구원을 내려 주소서!

모든 사람은 명심할 것을 당부한다. 이후로는 어떤 누구도 그
와 입으로 말하지 말고 글로도 전달하지 말 것이며, 그를 돌보지
도 말고 그와 같은 지붕 밑에서 잠을 자지도 말아야 한다. 그에게
4큐빗(약 2m) 이내에 접근하지 말아야 하며, 그가 말한 내용이나
글로 쓴 문서를 읽어서도 안 된다.

_《철학이야기The story of philosophy》(23판), 4장
스피노자 편, 윌 듀런트, 1970.

9

거짓을 진실로 바꾸는 힘

&

엠페도클레스

무언가를
꿈꿀 수 있다면,
실현도 가능하다.

_월트 디즈니

신을 꿈꾼 어릿광대

기원전 6세기, 고대 그리스 시칠리아의 도시 국가 아그리젠토를 다스리던 악명 높은 독재 참주僭主※ 팔라리스는 듣기만 해도 소름끼치는 형벌 기구를 만들었다. 그 기구의 이름은 '놋쇠 황소'였는데, 청동으로 속이 빈 황소 형틀을 만들어 역적이나 죄인들을 그 속에 넣고 가둔 뒤 황소의 배 아래에서 불을 지펴 통째로 구워 죽이는 끔찍한 형벌이었다. 더 끔찍한 것은 놋쇠 황소 안에는 관악기의 원리를 이용한 관이 놋쇠 황소의 입과 연결되어 있었는데 안에 있는 사람이 더운 공기를 참지 못하고 관을 통해 숨을 쉬면 이 관을 통해 나오는 소리가 마치 황소가 우는 소리처럼 들

※ 비합법적 수단으로 지배자가 된 사람을 말한다. 고대 그리스의 여러 폴리스에서는 대개 귀족 출신들이 평민들의 불만을 이용하여 지지를 얻어 정권을 장악하였다.

렸다는 것이다.

이렇게 잔혹한 형벌은 정치적 탄압의 수단으로 쓰이며 백성들을 공포로 몰아넣는 데 큰 몫을 했을 것이다. 하지만 아무리 강력한 왕권을 유지하기 위한 법질서 확립 차원이었다 해도 너무 끔찍하지 않은가. 재미있는 것은 폭군 팔라리스도 자신이 만든 이 살인 기계에서 생을 마감했다고 하니, 인생사 새옹지마라는 말이 틀림이 없다. 여하튼 이런 독재자의 통치 아래 살아야 했던 아그리젠토 사람들의 삶은 얼마나 끔찍했을까? 희망도 없는 하루하루를 불안한 마음으로 살아야 했을 것이다. 바로 이런 서민들의 애환을 달래 주던 이들이 바로 어릿광대들이었다.

당시 어릿광대는 의사이자 철학자이자 예언가였으며, 최면술과 염력술 혹은 약간의 독심술도 할 줄 알았다. 특히 그리스 식민지를 떠도는 어릿광대는 그리스 본토에서 일어나고 있는 철학에 대해 술술 이야기할 수 있는 실력을 갖춰야 했다.

팔라리스보다 약 100년 늦게 아그리젠토에서 태어난 엠페도클레스는 소크라테스 이전 시기에 활약한 대표적인 고대 그리스 철학자 가운데 한 명이다. 그는 철학 외에도 종교, 정치, 생물학, 의학, 시문학 등에서 다재다능했던 인물로 기록되어 있다.

이집트, 페르시아, 그리스 등을 두루 다니면서 많은 것을 보고 배운 엠페도클레스는 스스로를 신이라 칭하였지만 사람들은 그를 완벽한 어릿광대라고 생각했다. 하지만 사람 끄는 능력만은 확실했던 그는 시간이 지나면서 점점 더 많은 사람들 앞에 서게 되었고, 여러 편의 시와 비극 및 정치적 성향의 논설을 쓰기도 했으며, 마술이나 의술, 제의 등을 행하기도 했다.

당시 어릿광대들은 아테네 철학에 관심이 많은 그리스 식민지 사람들을 위해 아테네 철학자들의 사상을 전달하는 역할도 담당했는데 구전으로 전해지다 보니 어릿광대들 스스로 자신의 철학을 설파하는 경우가 대부분이었다. 엠페도클레스도 예외는 아니었다. "여러분은 최초의 생명체가 어떤 모습이었는지 궁금하지 않습니까? 여러분은 아마 상상도 할 수 없을 것입니다. 처음 생명체는 몸통 없이 머리만 여기저기 굴러다니는가 하면, 팔다리도 따로따로 나뒹굴어 다녔고, 눈, 코, 귀, 입도 지금처럼 얼굴에 붙어 있는 것이 아니라 머리 위 아무 데나 붙어 있었습니다. 그래서 어떤 생명체는 4개의 다리에 5개의 팔이 있는가 하면, 어떤 생명체는 사람의 얼굴에 소의 몸을 가지고 있었으며, 소의 얼굴에 사람의 몸을 가진 생명체도 있었습니다."

엠페도클레스는 이것이 아테네 철학자들이 말하는 최초의 생명체의 모습이라며 사람들을 모아 놓고 신나게 이야기보따리를 풀어 놓았다. 엠페도클레스의 이야기를 진지하게 듣고 있는 사람들의 모습을 상상해 보라. 그런 얘기를 사람들이 정말 믿었다고?

팔라리스만이 아니더라도 아그리젠토 사람들은 현실의 삶에서 많은 고통을 받으며 살았다. 그 현실에서 잠시나마 도피할 수 있는 길을 열어 준 것이 바로 어릿광대들이었다. 그래서 대부분의 어릿광대들은 현세보다는 사후세계에 대한 이야기들을 들려주며 사람들에게 안식을 주었다. 엠페도클레스도 마찬가지였다. 그는 스스로 신이라 칭하며 사람들에게 황금 다리를 보여 주었고, 어딜 가나 황금 샌들을 신고 다녔다. 그리고 늘 얘기했다. "나는 신이기 때문에 죽는 날짜를 알고 있다. 나는 다른 사람들과 다르게 어느 날 갑자기 연기처럼

'펑'하고 사라질 것이다."

　사람이 죽지 않고 연기처럼 사라진다니. 이 말도 안 되는 말을 아그리젠토 사람들은 정말 믿었다. 물론 처음부터 그 믿음이 가능했던 것은 아니었다. 그 믿음이 가능했던 것은 오랜 시간 사람들 곁에서 함께한 엠페도클레스의 말과 행동이 늘 한결같았기 때문이었다.

197

& 엠페도클레스

거짓말은 원대하게

미움은 서로를 분리시켜 있는 것도 사라
지게 합니다.
사랑은 서로를 결합시켜 없는 것도 생겨
나게 합니다.

엠페도클레스는 물, 공기, 불, 흙을 세상의 근원이라고 하였
다. 그에 따르면 이 원소들은 궁극적인 것이므로 새로 생성되거나
소멸하지 않으며 다만 원소들끼리 서로 합쳐지거나(사랑) 흩어지
면서(미움) 존재들이 생겨나거나 사라져 세계가 만들어진다는 것
이다. 자연의 변화를 설명하는 데 있어 나름의 물리적 법칙을 찾
으려 한 엠페도클레스는 헤라클레이토스나 아낙사고라스 등과
묶여 자연철학자로 분류되기도 하지만 다른 철학자들과는 다른

그의 독특한 행적과 종교관, 우주론 등은 후대 사상가들과 예술가들에게 큰 영향을 끼치기도 했다.

어릿광대는 참말이나 거짓말을 구별하여 이것은 참이고 저것은 거짓이라고 얘기하지 않는다. 어릿광대의 얘기를 듣는 사람도 그들의 얘기가 참인지 거짓인지 신경 쓰지 않는다. 어릿광대의 역할은 그저 사람들을 즐겁게 해 주는 것이다. 인쇄술이 발달하지 않았던 고대 그리스에서는 어릿광대가 철학을 전달하는 역할까지 담당해야 했고, 그래서 어릿광대들의 책임감 또한 매우 컸다. 엠페도클레스 역시 책임감을 가지고 아테네 철학을 아그리젠토 사람들에게 전했다. 물론 토씨 하나 틀리지 않고 전할 수는 없었기에 그 자신의 사상이나 철학이 함께 전달되었을 것이다.

시칠리아는 아프리카와 인접해 있는 나라다. 위치상 더운 나라이기도 하지만 아프리카에서 불어오는 뜨거운 바람도 만만찮았다. 그래서 이 지역 사람들은 늘 아프리카의 뜨거운 계절풍과 싸우며 농경지를 지켜내야 했다. 봄이면 우리나라를 찾아오는 불청객 황사처럼 말이다. 누군가 이 뜨거운 바람을 막아 준다면 얼마나 고마울까! 고대 그리스의 철학은 오늘날 우리가 얘기하는 철학이라기보다는 과학에 가까웠다. 철학과 과학의 경계가 사실상 애매했다. 열풍을 막는 것은 과학의 몫이었다. 자, 엠페도클레스가 누군가? 죽은 사람도 살려 낸다는 과학하는 철학자 아닌가! 엠페도클레스는 온 동네에 널려 있는 당나귀 가죽을 모두 모았다. 그리고 그것을 하나로 묶은 다음 아그리젠토 골짜기를 완전히 막았다. 과연 그것 때문이었을까? 거짓말처럼 계절풍이 약해졌고 사람들은 엠페도클레스를 '바람을 막는 사람'이라고 불렀다고 한다. 또 한 번의 히트를 친 것이다. 그리고 사람들은 정말 그가 신이 아닐까 생각하게 되었다. 그가 신이든 아니든 계절풍을 막아 보려 한 그의 무모한 도전 정신만큼은 정말 높이 살만 하지 않은가.

엠페도클레스가 활동했던 기원전 5세기경 시칠리아를 비롯한 그리스의 식민 도시들은 민주주의와 참주 정치 사이에서 극심한 혼란을 겪고 있었다. 과두 정치파인 1000인회를 해산시키고 민주주의 편에 섰던 엠페도클레스는 결국 정치적으로 고립 당해 고향 아크라가스에서 추방당하는 신세가 되었다. 이후 그의 마지막 순간에 대한 기록은 의견이 분분한데 그중 재미있는 이야기를 믿어

보기로 하자.

스스로 신이라고 주장하던 엠페도클레스는 마지막 순간까지 신으로 남고 싶었다. 그렇다면 무덤도 남기지 않고 어느 날 갑자기 연기처럼 '펑'하고 사라져야 하는데 아무리 생각해도 연기처럼 사라질 방도가 없다. 사라지기로 한 날짜는 다가오고 방법은 없고.

"이게 뭐지? 엠페도클레스가 신고 다니던 황금 샌들 같은데!"

지금도 가끔 용암이 분출된다는 유럽 최대의 활화산 에트나에 대해 들어 보았을 것이다. 시칠리아에는 에트나 활화산이 있었다. 엠페도클레스는 그 화산 속으로 뛰어들었다. 그리고 '펑!' 연기처럼 사라졌다. 아그리젠토 사람들은 엠페도클레스가 입버릇처럼 말한 대로 연기처럼 사라져 보이지 않게 되자 정말 그가 신이라고 믿었다. 그런데 아쉽게도 그가 신이 될 수 있는 기회를 신이 허락지 않으셨던 걸까. 그가 화산 속으로 뛰어들 때 그의 황금 샌들이 밖으로 튀어 나오고 말았던 것이다. 그래서 사람들은 엠페도클레스가 연기처럼 사라진 것이 아니라 활화산 속으로 뛰어들었다는 사실을 알게 되었다. 하지만 추측하건데 아그리젠토 사람들 중 누구도 엠페도클레스를 사기꾼이라고 생각하지 않았을 것이다.

철학은 거짓말에 대해 크게 두 가지 입장을 갖는다. 하나는 아우구스티누스의 주장처럼 거짓말을 하게 된 이유나 그 결과와 상관없이 거짓말은 무조건 죄악이라고 생각하는 입장이고, 다른 하나는 거짓말의 정의에 거짓말을 하게 된 이유나 그것이 가져 온 결과를 포함시키는 입장이다. 즉 후자의 경우 진실이 아닌 언사가 타인에게 명백히 해를 끼쳤을 경우에만 거짓말이 죄악이 된다는 것이다.

남을 현혹시키기 위해서든 자신의 능력을 과시하기 위해서든 사람들은 거짓말을 한다. 엠페도클레스도 사람들을 현혹시키는 거짓말을 했지만 자신의 이익을 위해서가 아니라 사람들을 위해서였고, 자신이 뱉은 말을 지키기 위해 끝까지 노력했다. 물론 활화산으로 뛰어들었다는 대목은 좀 그렇지만. 그리고 사람들은 그의 말을 믿었고, 믿으니 거짓말이 참말이 되기도 했다. 원대하게 거짓말을 하자! 그리고 지키려고 노력하자! 100% 지키지 못하더라도 지키려고 노력한 그 과정만큼이 거짓을 진실로 바꾸어 줄 것이다.

엠페도클레스

Empedocles

엠페도클레스는 BC493년경 시칠리아의 아크라가스에서 태어났지만 대부분의 삶을 남이탈리아에서 보낸 것으로 알려져 있다. 엠페도클레스는 당시 사람들에 비해 능력이 뛰어나거나 뻔뻔하거나 나서기를 좋아하거나 아니면 몰염치한 사람이었던 것 같다. 그는 남보다 많은 직업을 가진 만큼 다양한 삶을 살았던 철학자이다.

엠페도클레스는 고대 올림픽 경기에서 우승을 한 영웅인 할아버지의 이름을 그

203

대로 물려받았다. 승자였던 할아버지가 영웅 대접을 받았듯이 엠페도클레스도 영웅이 되기를 원했던 것 같다. 이탈리아 남부 엘레아에 터를 잡고 철학을 가르치던 엘레아학파의 사상을 접한 엠페도클레스는 유명한 철학자가 되기를 꿈꾸며 피타고라스의 윤회설과 철학, 그리고 종교 이론을 배운 다음 이집트와 페르시아에서 유학하고 고향으로 돌아온다.

고향으로 돌아온 엠페도클레스는 아프리카에서 불어오는 뜨거운 열풍을 막고 병든 사람을 고치고 심지어 죽은 사람도 살려내며 바라던 대로 영웅이 된다. **하지만 그는 영웅으로 만족하지 못하고 신이 되고자 했다.**

그의 마지막에 대해서는 몇 가지 의견들이 분분하다. 60살에 스스로 목숨을 끊었다는 설, 고향을 떠나 펠로폰네소스 반도까지 가서 그곳에서 잘 먹고 잘 살다가 죽었다는 설, 메시나의 축제에 가던 도중 마차에서 떨어져 죽었다는 설, 그리고 시칠리아 에트나 화산에 뛰어들었다는 설 등등. 어떤 게 사실이든, 철학사에서는 그가 죽은 해를 BC430년경으로 보고 있다.

엠페도클레스에 관한 일화 몇 가지

"엠페도클레스는 철학자이자 의사였고, 시인이면서 물리학자에, 민주주의 신봉자였다."

"천만에, 엠페도클레스는 마법사에 수다쟁이에 광신적인 종교 지도자였다. 자신을 신이라고 하면서 모든 사람을 아래로 내려다보는 사람이었다."

한 사람에 대한 평가가 이렇게 극과 극을 달린다면 실제로 그는 어떤 인물이었을까? 그에 대한 가장 정확한 평가는 아마도 르낭*이 내린 것이 아닐까? 르낭은 그에 대해 이런 평가를 내렸다.

"그는 반은 뉴턴이요, 나머지 반은 칼리오스트로**를 닮은 다재다능한 재능꾼이었다."

엠페도클레스는 관습을 뜯어고치는 일에 몸을 바쳤다. 시민들은 공중도덕이나 윤리 등 모든 면에서 몹시 후퇴해 있었고, 따라서 그는 그때까지 사람들이 지은 죗값을 치르게 하기 위해 악으로

---

* 프랑스의 사상가이자 종교역사가.
** Alessandro di Cagliostro(1743~1795): 시칠리아 출신으로 원래 이름은 주세페 발사모. 열여섯에 수도원에 들어갔으나 오래 견디지 못하고 도망하여 이탈리아 여러 도시와 파리 등에서 사교적인 종교 행위, 사기 행각 등을 벌이다가 체포되어 로마의 성 레오 성곽에 감금되었다.

부터 완전히 손을 떼게 해야 한다고 생각했던 것이다. 그는 도시를 다스리는 사람들을 공금 횡령 죄목으로 고발했고, 조금씩 권력의 맛을 알아 가던 귀족 사회를 공격했다.

그 대안으로 평등에 기초한 새로운 정부를 구성할 것을 제의했다. 사람들이 그의 제안에 얼마나 열광했는지 결국은 그에게 참주가 되라고 권고할 정도가 되었으니 그는 물론 그 제안을 거절했다. 그렇게 하지 않았다면 앞뒤가 맞지 않았을 테니까. 어쨌든 그는 헤라클레스와 같은 용단을 내린 셈인데, 참주가 아니라 신이라는 타이틀을 제안했다면 평소 그의 됨됨이로 미루어 기꺼이 받아들이지 않았을까?

아그리젠토의 거리를 거동할 때 엠페도클레스는 한 무리의 젊은이들을 앞세우곤 했는데 노예와 그의 팬들이 늘 주위를 에워싸곤 했다.

엠페도클레스는 기술자이면서 동시에 예언자였다. 셀리누스라는 도시에 역병이 돈 적이 있는데 그는 이 전염병이 도시의 거주 지역을 흐르는 개울에 물이 고여 있기 때문이라고 결론 내리고 도시 주변의 지형을 연구한 뒤 작은 운하를 파 부근을 흐르던 다른 강물 두 줄기를 이 개울에 연결하는 데 성공했다. 가뭄이 들어도 일정량의 물이 흐를 수 있도록 한 것이었다. 공사비도 모두 그 자신이 직접 댔다고 하는데 그 일이 있은 뒤부터 셀리누스의 주민들은 그를 신으로 섬겼다고 한다.

엠페도클레스는 친구들 사이에서는 붙임성이 매우 좋았지만 원칙을 따르는 데 있어서는 융통성이 전혀 없었다. 한번은 어떤 잔치에 초대를 받았는데 주인이 포도주를 대접하지 않자 매우 이상하다고 생각했다. 마실 것을 좀 줄 수 없겠느냐고 일부러 청하니 주인이 하는 대답이 잠시 후면 정치가 한 사람이 도착하게 될 텐데 주연은 그때부터 시작된다는 것이었다. 아닌 게 아니라 그 정치가가 도착하자마자 술이 나왔는데 주인이 그 사람을 위해 건배하면서 그를 연회의 좌장인 향연의 군주로 지목했다. 그런 처사를 몹시 불쾌하게 생각한 우리의 철학자께서는 바로 다음날 원로 회의에 두 사람을 고발했다. 그들이 참주가 되고자 음모를 꾸미고 있다고. 그들은 결국 사형을 당했다.

어찌되었건 철학자 겸 시인이었던 사람들 중에서 엠페도클레스는 가장 훌륭한 시인이었다. 그는 노래도 잘 불렀던 것 같다. 한번은 안키토스라고 하는 판관과 얘기를 나누고 있었는데 한 젊은이가 그의 집에 침입했다. 바로 그날 젊은이의 아버지가 사형 선고를 받았는데 아버지에게 사형을 선고한 판관에게 복수를 하려고 들어온 것이었다. 엠페도클레스는 그 예리한 직관력으로 상황을 판단하고는 재빨리 옆에 있던 채트리라는 악기를 집어 들었다. 그리고 태연하게 노래를 부르기 시작했다.

이는 분노와 고통을 치유하는 명약이라오.
모든 악을 씻어 주는 망각제라오.

결론부터 말하자면 그 젊은이는 마음의 평정을 찾았고 덕분에 판관도 목숨을 건졌다는 얘기다. 더욱이 이 젊은이는 훗날 엠페도클레스의 가장 훌륭한 제자가 되었다던가.

사랑의 요리사, 증오의 요리사

엠페도클레스는 이오니아 해 연안의 철학자들이 즐기던 주제인 우주의 기원론에 대해서도 당연히 자신의 주장을 냈는데, 이와 관련해서 그가 남긴 멋진 시 한 수를 인용해 보기로 한다.

> 사물의 근원은 넷이라.
>
> 빛나는 제우스, 생명의 여신 헤라, 아이도네우스.
>
> 그리고 자신의 눈물로
>
> 영원히 마르지 않는 샘을 마련해 준 네스토스라네.

알아듣기 쉬운 말로 풀어서 다시 쓰면, 자연의 근원적인 요소는 네 가지인데, 정확히 말하면 불과 공기와 땅과 물이라는 뜻이다. 이들 네 가지 근본적인 요소들을 혼합하는 데에는 다른 두 개의 힘이 개입하게 되는데 엠페도클레스는 이것을 '사랑'과 '증오'라고 부른다. 태초에 세상을 다스리던 유일한 힘은 사랑이었는데 그렇기 때문에 서로 융합되기에 적합한 기본 요소들이 서로 원했다고 엠페도클레스는 밝히고 있다. 이러한 단계에 들어 있는 세상을 그는 '구형의 세계'라고 불렀다. (중략) 어쨌든 이러한 구형의 세계는 평화와 기쁨만이 가득한 세계였다는 것이다. 그런데 '증오'가 조금씩, 조금씩 끼어들어 제2의 단계가 시작된다는 것이다. 우리가 살고 있는 오늘의 세계는 두 번째 단계에 속한다고 할 수 있다.

엠페도클레스에 따르면 미래에는 증오가 월등히 우세해져 이 세계를 분해해 버린다고 한다. 끔찍하게도 핵폭탄으로 세상의 종말이 오게 되리라는 또 하나의 예언인 셈이 아닐까! 네 번째 단계는 사랑이 되돌아오는 세계가 될 것이라니 그나마 다행스러운 일이고.

결론적으로 말해서, 사랑과 증오는 단 네 가지 재료만을 사용해서 온갖 요리를 만들어 내야 하는 두 사람의 요리사라고 할 수 있다. 두 요리사가 일을 하는 부엌, 다시 말해 구형의 세계 안에서는 온갖 일들이 다 벌어진다. 때로는 사랑이라는 요리사가 우위를 차지하는데 이때에는 오로지 기쁨만이 넘치고, 또 때로는 증오의 요리사가 지배하기 때문에 온갖 만물이 죽음의 침묵으로 굴러떨어진다는 것이다. 두 요리사가 공존할 때도 있는데 이때는 케이크가 상대방 요리사의 얼굴을 향해 날아다니는 난장판이 된다는 것이다. 그러나 내 생각에는 이 시기야말로 가장 좋은 세계, 아니, 최소한 가장 재미있는 세계가 아닐까 한다.

_《그리스 철학사1》, 루치아노 데 크레센초, 김홍래 옮김, 리브로, 1998.

211

& 엠페도클레스

10

체제를 흔드는 힘

&

데카르트

확신을 가지고 시작하면
의혹으로 끝나지만,
의혹을 가지고 시작하면
확신으로 끝난다.

_프랜시스 베이컨

의심하라, 해체하라

왼손에 채찍을 들고 있는 동이를 보고 제
자신이 아닌가 하고 생각하는 허생원.
아내가 낳은 아이의 가운데 발가락이 긴
것을 보이며 자신의 발가락과 닮았다고
주장하는 M.

요즘 인기 있는 텔레비전 드라마 소재는 대
부분이 출생의 비밀이다. 이모인 줄 알았는
데 엄마고, 원수 집안의 아들인 줄 알았는데
내 아들이고, 남매인 줄 알았는데 생판 남이
고…… 찢어지게 가난하지만 밝게 살면서 열심히 마트에서 아
르바이트를 하며 착하게 살았더니 어느 날 그 마트 체인을 소유한

대기업 회장이 아버지라며 짠 나타난다. 아, 로또도 이런 로또가 없다.

이야기가 조금 옆길로 샜지만 동서고금을 막론하고 사람들이 좋아하는 소재인 의심에 대한 이야기다. 의심은 책이나 영상 매체 안에서 좋은 소재가 될뿐더러 독자 혹은 관객을 몰입하게 하는 원동력이 되기도 한다.

초등학교부터 고등학교, 혹은 대학교, 대학원까지 우리는 수많은 지식을 쌓으며 공부를 해 왔다. 그 지식들은 모두 앞선 이들이 믿을 만하다고 공인한 것들이고 우리는 아무런 의심 없이 그 지식들을 있는 그대로 습득했다. 그러나 프랑스의 대표적인 철학자 데카르트는 이런 방식을 거부했다. 그는 긍정적이고 발전적인 의심의 힘을 믿은 사람이었다. 그는 자신의 철학 체계를 굳건히 정립하기 위해 지금까지 알려진 지식을 정말 믿어도 되는가 하고 먼저 물었다. 그는 인간의 모든 경험적 지식과 관습, 습관, 수학적인 지식, 심지어 꿈과 현실까지도 의심했다.

경험이란 인간이 오감을 통해 실제로 해 보거나 겪어 본 후 얻어지는 지식이다. 그런데 굳이 데카르트까지 안 가더라도 이 감각이란 것은 늘 말썽을 일으키기 마련이다. **우리는 정말 감각을 믿을 수 있을까?**

시력 검사를 생각해 보자. 일정한 거리에서 일정한 크기의 숫자와 이미지 등이 적힌 시력 검사판을 읽어 시력을 측정하는데 이때 가장 좋은 시력은 2.0이다. 하지만 어떤 사람이 더 먼 거리에서 더 작게 쓰인 숫자를 읽는다 해도 그 사람의 시력은 2.0이다. 과연 이런 시력 측정법을 믿을 수 있을까? 예전에 한 텔레비전 프로그램에서 시력이 6.0인 이탈리아 황새치 잡이 어부의 이야기가 방영된 적이 있다. 또 물고기는 잡지 않고 언덕 위에서 물속에 있는 물고기를 다 찾아내 알려 주는 또 다른 이탈리아 어부들의 시력이 10.0이라는 이야기도 화제가 되었다. 이렇게 서로 다른 시력을 가진 사람은 서로 다른 경험을 할 것이고, 이들이 경험한 내용은 분명 서로 다를 것이다.

시력뿐 아니라 청각, 후각, 미각, 그리고 촉각도 마찬가지다. 서로 다른 감각으로 서로 다른 경험을 한 사람들은 그를 통해 얻은 지식 또한 다를 것이다. 그래서 데카르트는 사람의 감각을 통해 얻은 지식인 경험은 믿을 수 없다고 주장한다. 상식이나 전통 혹은 풍습이나 관습도 데카르트에게 있어서는 못 믿을 것에 불과했다. 그도 그럴 것이 전통이나 관습 같은 것들은 같은 장소에서 같은 문화를 공유하는 공동체가 체제 유지나 집단 결속 등의 필요에 의해 만들어 낸 것이므로 다른 시대 다른 공간에서는 무의미하거나 무용한 것이 될 수도 있기 때문이다.

이제 체육 시간을 상상해 보자. 모두 운동장에서 열심히 공을 차거나 선생님의 구령에 맞춰 운동장을 돈다. 그리고 교실에는 주번이 남아 텅 빈 교실을 지킨다. 때는 겨울이다. 교실 중앙에는 난로가 놓여 있고 교실을 지키는 학생은 난롯가에 앉아 졸고 있다. 졸다가 깼다가를 반복하다가 잠시 잠든 사이에 꿈도 꾼다. 꿈속에는 따뜻한 난로가 있고 창밖으로는 운동장을 뛰는 아이들이 보인다. 그리고 잠에서 깨어나면 꿈은 사라진다. 만약 다시 잠이 들면 이어서 꿈을 꾸게 될지도 모른다. 아니, 졸다 깨다를 반복하던 이 학생은 무엇이 현실이고 무엇이 꿈인지 구별도 못한다. 여기서 데카르트는 우리에게 묻는다. 혹시 우리는 꿈과 현실을 반대로 생각하고 있는 것은 아닐까? 즉 우리가 꿈이라고 믿는 것이 진짜 현실이고, 우리

가 현실이라고 확신하는 것이 꿈은 아닐까?

데카르트의 의심은 여기서 끝나지 않는다. 데카르트는 자신이 가장 좋아한 학문인 수학도 의심했다. 우리는 어렸을 때 손가락, 발가락을 꼽아 가며 배운 더하기, 빼기, 곱하기, 그리고 나누기를 일상생활에서 어렵지 않게 활용한다. 누가 정해 놓은 건지는 모르지만 '수학의 정석'이려니 하며 외운 어려운 공식도 툭 치면 술술 나올 정도다. 그러나 데카르트는 이 또한 그냥 넘기지 않는다. 5에 7을 더하면 12다. 요즘은 유치원도 들어가기 전에 떼는 산수다. 하지만 정말 그럴까? 사실 5더하기 7은 12가 아니라 13, 혹은 14인데 우리가 5에 7을 더하려고만 하면 악마가 나타나 우리의 귀에다 13이나 14가 아니라 12라고 속삭여 그렇게 믿게 된 것은 아닐까? 이게 무슨 미친 소리냐며 책장을 덮는 소리가 들리는 것 같아 서둘러 말하지만 이건 데카르트가 한 말이다.

이처럼 데카르트에 있어서는 모든 것이 의심의 대상이었다. 조금이라도 미심쩍은 것이 있으면 무조건 의심부터 하고 보는 것이 데카르트 철학의 특징이다. 그리고 그러한 의심병(!)이 데카르

219

트라는 철학자를 만들었다. 데카르트의 의심은 확실한 지식을 얻기 위한 방편으로서의 의심이었다. 그래서 우리는 그의 의심을 '방법적 회의'라고 부른다.

의심하라, 새로이 하라

내가 의심하는 것은 나의 생각이다.
의심이든 무엇이든 생각하는 것은 나다.
그러므로 나는 있다.

   데카르트는 철학도 과학처럼 어떤 흔들리지 않는 이론이나 정설 위에 세우고자 했다. 어려서부터 수학과 과학을 좋아한 데카르트는 철학에도 모든 사람이 인정하는 기본적인 근거나 수학의 공리 같은 것이 있다면 그 위에 철학적 이론을 하나하나 쌓아 보편적인 진리나 법칙을 발견할 수 있다고 믿었다. 그러나 앞에서도 말했다시피 데카르트의 그 의심병은 감각과 전통, 관습, 꿈과 현실에 이어 수학도 피해가지 못한다. 이 정도 증상이면 심각한 수준이 아닌가. 데카르트는 실로 세상의 모든 것을 의심했다. 의심하고, 의심하고, 또 의심해서 더 이상 의심할 것이 없을 때까지 의심했다. 더 이상 의심할 것이 없는 상태에서 진리를 만날 수 있다고 믿었기 때문이다. 그리고 결국 데카르트는 분명한 것 하나를 찾았다. "나는 무엇을 통해 의심할까? 그것은 나의 생각이다. 생각을 하는 주체는 누구일까? 그것은 바로 나다. 그렇다면 내가 의심하는 동안 나는 분명히 있다."

우리가 너무나 잘 알고 있는 그 유명한 문장이 여기서 탄생한다. 의심하고 있는 혹은 생각하고 있는 자신은 아무리 의심하고 부정하려 해도 할 수 없다, 그래서 의심하고 생각하는 자신은 분명히 존재한다. 이것을 우리는 "나는 생각한다. 그러므로 나는 존재한다"는 한 문장으로 표현한다. 데카르트는 확실한 것을 찾기 위해 의심했고, 그 의심은 긍정적인 발전을 전제로 했다. 데카르트뿐 아니라 사람이라면 모두가 의심을 한다. 그러나 그 의심은 진리를 찾기 위한 수단이 아닌 그 자체로 목적이 되어 버리는 경우가 허다하다.

태양과 빛, 우주, 해부학, 인간의 정신 등에 관심이 많았던 데카르트는 오랜 시간을 공들여 연구한 자연과학에 관한 논문을 발표하려고 준비하던 중 갈릴레이 갈릴레오의 물리학 저서가 금서 목록에 올랐다는 이야기를 듣게 되었다. 지금까지 잘 돌고 있던 태양이 멈추고, 가만히 있던 지구가 태양 주위를 돈다고 주장한 갈릴레오는 결국 교황청의 법정에 서게 되고 수년 동안 침묵을 강요당하게 된다. 충격에 휩싸인 (소심한!) 데카르트는 갈릴레오의 책을 어렵게 구해 읽어 보지만 그 속에서 어떠한 문제도 발견할 수 없었고, 결국 자신의 과학 논문들 또한 국가와 종교에 해가 된다는 판결을 받을까 두려워한 나머지 발표를 미루게 된다. 갈릴레오가 그랬던 것처럼 자신도 확실한 것만을 진리로 삼기 위해 의심에 의심을 거듭하여 자연과학의 원리들을 정초했는데 그 진리가 국가와 종교라는 폭력 앞에 무참히 부서지는 모습을 보게 된 것이다. 일단, 살아남아야 했다. 다행히 1648년 스웨덴의 크리스티나 여왕으로부터 가정교사로 와 달라는 부탁을 받은 데카르트는 여왕이 보낸 군함을 타고 스웨덴으로 떠나게 된다.

데카르트가 살던 시대에 의심은 화형감이었다. 그러나 데카르트는 결국 의심을 멈추지 않았고 인간이 죄 많은 존재가 아닌 우주

223

를 이해하고 자기 자신을 개선하기 위해 노력
할 수 있는 이성을 가진 존재라고 생각했다.
우리 시대의 의심은 어떤가?

이제 우리는 국가나 종교, 사회가 우리 개개의 인간보다 우위
에 있다고 생각하지 않는다. 국가나 종교, 사회는 나의 발전을 위
한 보조 수단일 뿐이다. 우리에게는 사회가 나에게 무엇을 해 주
기를 바랄 권리가 있다는 말이다. 그렇기 때문에 우리는 우리를
둘러싼 사회를 국가를 종교를 의심해야 한다. 눈에 쌍심지를 켜고
사회가 하는 일, 국가가 하는 일, 종교가 하는 일을 의심해야 한
다. 사회의 이익이 아니라 나의 이익을 위해서 말이다. 부정적이
고 폐쇄적인 의심은 모든 것을 파괴시킨다. 그러나 긍정적이고 발
전적인 의심은 새로운 지식 체계를 세우고 신선한 전통을 만든다.
데카르트가 의심을 통해 새로운 철학의 세계를 연 것처럼 말이다.

데카르트
Descartes, René

데카르트는 1596년 프랑스 투렌^{Touraine} 지방의 조그마한 도시 라에이[*]에서 태어났다. 아버지는 대법원 법관이자 시의원이었고 어머니는 데카르트를 낳고 1년이 조금 지나 폐병으로 죽었다. 아버지가 재혼하면서 데카르트는 외할머니 집에 맡겨져 유모 손에 길러졌다.

8살이 된 데카르트는 라 플레쉬에 있는 기숙학교에 입학하지만 어릴 때부터 잦은 병치레로 허약했던 데카르트로서는 규칙에 맞춰 생활해야 하는 기숙학교에 적응한다는 것이 쉽지 않았다. 하지만 그는 그곳에서 8년 동안 머물면서 라틴어, 수사학, 고전, 자연철학, 형이상학, 윤리학, 철학, 수학 등

225

※ La Haye: 현재 이 도시는 철학자 데카르트의 이름 따 데카르트라 불린다.

인문학에 필요한 학문들을 모두 배우게 된다.

기숙학교 생활을 마치고 푸아티에Poitiers 대학에서 법학을 공부한 데카르트는 넓은 세상을 배우기 위해 파리로 거처를 옮긴다. 파리에서 젊은 귀족들을 위한 아카데미에 입학하여 펜싱, 승마술, 사교춤, 그리고 신사를 위한 매너 등의 교육을 받은 데카르트는 그곳에서 자신보다 8살 많은 네덜란드의 철학자이자 과학자였던 베크만(Isaac Beeckman, 1588~1637)을 비롯한 많은 귀족들과 교우 관계를 맺는다.

하지만 데카르트가 지내기에 파리는 너무나 크고 소란스러운 도시였다. 데카르트는 1618년 덴마크를 여행하던 중 30년 전쟁이 발발했다는 소식을 접하고, 1619년 독일의 바이에른 공화국으로 가 군인이 된다. 당시 그곳은 막시밀리안 1세(Maximilian I, 1573~1651)가 다스리고 있었고 다른 지역보다 자유로우면서도 조용한 곳이었다. 그곳에 머무는 동안 데카르트는 덴마크의 귀족이며 천문학자였던 브라헤(Tycho Brahe, 1546~1601)와 독일의 천문학자이며 철학자 그리고 수학자였던 케플러(Johannes Kepler, 1571~1630) 밑에서 잠시 천문학을 배운다. 이를 계기로 자연과학 혹은 우주론에 관심을 갖고 연구를 시작한다.

1620년 제대한 뒤 독일, 네덜란드, 스위스, 이탈리아 등을 여행하면서 많은 학자들과 학문을 교류하고, 다양한 외국어도 익힌다. 그리고 1625년 다시 파리로 돌아온 데카르트는 1628년까지 자신이 그동안 배우고 연구한 내용들을 중심으로 많은 저서와 논문을 남긴다.

1635년 자신의 집에서 가사를 돌보던 얀스로부터 딸 프란시네를 얻었지만 프란시네는 오래 살지 못하고 5살에 세상을 떠난다. 데카르트는 친한 친구와의 편지에서 프란시네의 죽음이 자신의 삶에서 가장 큰 고통이었다고 쓰고 있다. 그 사이 《방법서설》, 《성찰》, 《철학의 원리》, 《정념론》 등이 완성된다. 파리에 살고 있던 그의 친한 친구이자 좋은 동료였던 메르센(Marin Mersenne, 1588~1648)이 데카르트의 후원자가 되어 주었다. 프랑스의 유명한 신학자이자 수학자, 그리고 음악이론가였던 메르센은 네덜란드보다 한발 빠른 프랑스의 학문적 동향과 사회적인 분위기를 데카르트에게 잘 전달해 주었고, 데카르트는 이를 바탕으로 적절한 시기에 자신의 저서를 출판하고 논문을 발표하였다.

그리고 데카르트에게 네덜란드에서의 생활을 청산할 좋은 기회가 찾아왔으니 바로 스웨덴 여왕의 초대가 그것이었다. 당시 스웨덴은 6살에 왕위에 오른 크리스티나 여왕이 18살이 되어 막 섭정이 끝난 상태였다. 누구보다 정열적이고 교양 있으며 학문에 관심이 많았던 크리스티나 여왕이 데카르트를 자신의 가정교사로 초빙하였던 것이다. 스웨덴은 당시 종교적으로 자유로운 국가였기 때문에 데카르트는 마음 놓고 자신의 철학을 펼칠 수 있을 거라는 기대감으로 초대에 응한다.

1645년부터 편지로만 왕래하던 크리스티나 여왕은 1649년 늦은 여름 드디어 자신의 군함을 보내 데카르트를 스톡홀름으로 초대하지만, 섭정에서 막 벗어난 여왕은 너무 바쁜 나머지 데카르트와 철학을 논할 시간이 없었다. 1650년 1월 중순부터 겨우 시간을 내 철학 공부를 시작하지만 3주를 채우지 못하고 데카르트가 병에 걸리고 만다. 스웨덴의 겨울은 병약했던 데카르트에게는 치명적이었다. 1650년 2월 11일, 항상 조용하고 남들로부터 방해받지 않는 곳만을 찾아 헤매던 데카르트는 스스로 가장 안전한 곳이라고 생각한 스웨덴의 프랑스

대사관 게스트하우스에서 생을 마감하였다.

데카르트의 유해는 1667년 파리로 돌아왔지만 여러 차례 옮겨 다니다 파리의 주느비에브 l'Abbaye Sainte-Geneviève 수도원에 안치되었다. 그 후 프랑스 역사박물관으로 옮겨졌다가 다시 파리의 생제르맹 데프레 Saint-Germain-des-Prés 수도원에 안치되었고, 1878년부터 지금까지 그의 두개골은 파리의 인류 박물관 Musée de l'Homme에 안치, 전시되고 있다.

르네 데카르트의 《방법서설》 중에서

소심한 천재가 남긴, '자연과학을 위해 더 필요한 것들'

앞에서 설명한 자연과학에 관한 논문을 나는 3년 전에 발표하려고 했다. 출판사에 논문을 보내기 전에 다시 한 번 검토 작업을 하던 중에 갈릴레이 갈릴레오의 물리학 저서가 금서 목록에 올랐다는 얘기를 들었다. 갈릴레오의 책을 금서 목록에 올린 사람들은 나보다 뛰어난 정신을 가진 학자들이다.

나는 갈릴레오의 물리학 책을 어렵게 구해서 읽어 보았다. 하지만 나는 그 책에서 종교와 국가에 해로운 내용은 찾을 수가 없었다. 문제는 나의 논문에 있었다. 나도 이런 일이 생길 것을 항상

229

생각하고 조심해 왔지만, 나의 논문을 통해 내가 국가와 종교로부터 멸시를 받지 않을까 걱정되었다. 결국 나는 출판하고자 했던 내 논문의 내용을 수정하기로 결심했다. 사실 나는 내 생각을 정리한 책이나 논문을 발표하는 것보다 연구하는 것에 더 큰 의미를 두고 있다.

나는 사실 나의 정신에서 나오는 모든 새로운 지식을 결코 대단한 것으로 생각해 본 적이 없다. 내가 나의 논문이나 책에 만족하는 만큼 다른 사람들도 그럴 것이기 때문이다. 하지만 자연과학, 특히 물리학을 연구하면서 나의 생각은 조금 달라졌다. 내가 발견한 물리학적인 이론, 특히 광학이론과 지금까지 다른 사람들이 연구한 것들이 얼마나 다른지 비교해 보고 싶었다. 그리고 내가 발견한 원리들을 감춘다는 것은 학문에 대한 죄라고 판단했다. 내가 발견한 원리들이 인간의 삶에 아주 유용하게 사용될 수 있다고 믿었기 때문이다.

인간에게는 여러 가지 선이 있다. 그중에서 나는 건강이 최고의 선이라고 생각한다. 내가 발견한 물리학의 원리들은 인간의 건강에 크게 기여할 것이다. 육체의 기관이나 성질 혹은 성향과 같은 것은 의학을 통해 계속 발견되고 발전되어야 한다. 의학을 통해 병의 원인과 치료 방법을 찾아낸다면 인간은 육체적인 병이나 노쇠로부터 훨씬 자유로울 수 있다. 여기서 나는 자연과학의 발날을 위해 첫 번째로 필요한 것은 의학이라고 생각한다.

내가 실험을 할 수 없는 상황에 처하거나 일찍 죽지 않는다면 내가 원하는 진리를 나는 찾을 것이다. 그리고 그 진리를 남의 행복을 위해 성실하게 전달하고 싶다. 나의 연구를 바탕으로 사람들은 새로운 연구와 가르침을 계속할 수 있을 것이다. 자연과학의 발달을 위해서 두 번째로 필요한 것은 실험이다. 사람의 지식이 향상되면 될수록 실험은 더 필요하다고 나는 생각한다. 가장 어렵고 난처한 문제로부터 벗어날 수 있는 방법은 실험밖에 없다. 물론 원인을 알 수 없는 병의 경우 그 실험은 특수하고도 미묘하여 결과를 얻기가 쉽지 않다. 그래서 더더욱 정교하고 확실한 실험이 필요하다. 실험을 통해 내가 이 세상에 속지 않기 위해 나는 다음과 같은 네 단계를 거쳤다.

231

1. 세상에 존재할 수 있거나 존재하는 모든 것의 원리나 최초의

원인을 이 세상을 창조한 신에서 찾지 않고 일반적으로 탐구했다.

2. 다음으로 최초의 원인에서 사람들이 일반적으로 연역해 낼 수 있는 가장 정상적인 결과가 무엇인지를 검토했다. 그 결과 하늘과 땅을 발견했고, 땅 위에 물, 공기, 불을 비롯하여 땅을 구성하고 있는 단순한 성질인 광물을 발견했다.

3. 단순한 성질을 바탕으로 특수한 것을 찾았다. 이때 내가 느낀 것은 신의 의지로는 지구상에 존재하는 수없이 많은 종들을 다른 것과 구별하기 어렵다는 것이다. 결국 인간의 정신이 특수한 실험 방법을 통해 결과로부터 원인으로 거슬러 올라가야 종들 간의 구별이 가능했다.

4. 다음으로 나는 나의 감각에 나타난 모든 것을 다시 검토했다. 그 결과 앞서 논한 모든 원리는 설명이 가능했다. 자연의 힘은 매우 풍부하고 광대한 반면, 나의 원리는 아주 단순하고 일반적이기 때문이다.

나는 이렇게 세상을 파악하기 위해 어떤 실험을 해야 할지 너무나 잘 알고 있다. 하지만

나의 수입으로 이 모든 실험을 감당하기에는
역부족이다.

_《철학, 불평등을 말하다》, 서정욱, 함께읽는책, 2010.

233

& 데카르트

11

느낄 수 있다면, 행복하라

&

제러미 벤담

나는 지금 행복한가 하고
자기 자신에게 물어보면
그 순간
행복하지 않다고
느끼게 된다.

_J. S. 밀

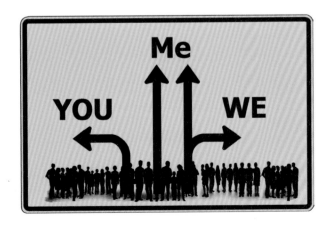

나 먼저 행복하기

피고 A에게, 백만 파운드를 훔친 죄목으로 영국 법에 따라 징역 10년을 선고한다.

피고 B에게, 일 파운드를 훔친 죄목으로 영국 법에 따라 징역 10년을 선고한다.

당연한 말이지만, 법을 지키는 일, 올바르게 집행하는 일은 한 국가와 민족의 안녕을 위해 반드시 전제되어야 할 국가와 국민과의 약속이다. 그래서 법은 모든 사람에게 평등하다는 기본 원칙을 가지고 있다. 극단적인 예이긴 하지만 위의 두 판결처럼 많은 돈을 훔친 사람이나 적은 돈을 훔친 사람이나 같은 형량을 선고받는다면 법을 지키는 사람이 있을까? 제대로 된 법 집행이 가능

237

할까?

하지만 실제로 18세기 말 영국에서는 이런 식의 법 집행이 이루어졌고, 이는 사회적으로 심각한 문제를 야기했다. 당시 영국의 법은 죄목과 형량만 있었지 죄의 무겁고 가벼운 정도는 따지지 않았는데, 예를 들어 남의 물건을 훔친 절도는 경중에 관계없이 같은 형량으로 다스렸으니, 즉 많은 돈을 훔친 사람이나 적은 돈을 훔친 사람이나 같은 형량을 받았던 것이다. 그러자 결국 법을 집행하는 사람이 법을 어기는 경우가 생기게 되었는데, 무슨 말인가 하면 법을 집행하는 판사도 사람이다 보니 큰 죄를 짓지 않은 사람에게 큰 죄를 지은 사람과 같은 형량을 주기가 부담스러워 결국 무죄로 풀어 주는 경우가 많아졌던 것이다. 법을 집행하는 사람부터 법을 지키지 않으니 법에 무슨 힘이 있었겠는가? 결국 법은 있으나마나한 것이 되어 버렸다.

이 시기에 활동한 영국의 급진주의 철학자 제러미 벤담은 바로 이 법부터 바로잡아야 영국의 질서가 잡힌다고 주장하였다. 그는 영국 법에 홍수를 일으켜 기존의 영국 법을 모두 떠내려가게 한 뒤 새로운 법을 세워야 한다고 말했는데 벤담과 같은 영국의 급진파 철학자들은 수는 적었지만 힘을 가지고 있었고 영국의 사회 제도 및 법 제도 개혁에 빠른 물살을 일으키는 주도 세력이 되었다. 그리고 그 변화의 중심에는 왕의 탄압에서 막 벗어난 백성들이 있었다. 사회 구성원 모두를 행복하게 만드는 것, 그것은 급진파 철학자들의 목표이기도 했다. 그래서 그들이 주장한 것이 바로 그 유명한 "최대다수의 최대행복the greatest happiness of the greatest number"이다. 이 간결한 구호는 공리주의를 널리 알리는 데 결정적인 역할을 했다.※ 최대한 많은 사람이 최대한 많은 행복을 누릴 수 있는 제도, 그것이야말로 서민들을 위한 최선의 행복이라고 믿었던 것이다. 사실 이 명제 때문에 우리는 **벤담의 행복론을 '많은 수의 국민이 행복하면 그 나라는 행복한 나라'라는 식의 단순한 행복론이라고 폄하하기도 한다.** 하지만 이는 사실 다수의 행복을 실현하는 데 법과 제도가 큰 역할을 해야 하며 개인의 행복과 사회의 질서가 상충할 때 역시 법이

※ 공리주의에서 '공리'는 누구에게나 통하는 진리를 뜻하는 공리公理가 아니라 쓰임이 있는 이익을 뜻하는 '공리功利'이다. 벤담에 의하면 인간은 누구나 공리성의 원리에 의해 지배를 받는데 여기서 공리성이란 "이익 당사자에게 이익, 이득, 쾌락, 선, 행복을 낳거나, 손해, 해악, 고통, 악, 불행이 발생하는 일을 막는 경향을 지닌, 어떤 대상에 들어 있는 성질"이다. 벤담은 이러한 공리성만이 유일한 가치 척도이자 가장 이성적인 도구이며 인간 행위의 정당성을 판단하는 유일한 근거라고 말했다.

239

나서서 서로를 위한 중재자 역할을 제대로 해야 한다는 데서 나온 것이다. 실제로 벤담 이후 공리주의는 위정자의 부정을 배척하고 민주주의적 의회 제도를 실현하기 위한 보통선거의 발전과 다양한 개혁 운동에 큰 영향을 끼치기도 했다.

　행복이란 무엇일까? 사람이 무엇을 하면 행복할까? 옛날 우리나라를 한번 생각해 보자. 양반과 상민常民이 존재하던 시절에 상민의 행복이란 배불리 먹고 편안히 등 붙이고 누워 자는 것 만한 게 없었을 것이다. 영국이라고 달랐을까. 군주와 귀족들이 모든 것을 소유하고 모든 것을 좌지우지하던 영국에서 서민들 몫의 행복이란 게 과연 존재했을까? 벤담은 바로 이런 관점에서 군주와 귀족들의 구속에서 벗어난 서민들이 어떻게 하면 행복할 수 있을까를 고민했다. 그리고 그들에게 진정한 쾌락을 양껏 누릴 수 있게 해 주어야 한다고 생각했다. 그런데 문제는 억압당한 채 살아온 서민들이 쾌락이 무엇인지 아느냐는 것이었다. 벤담을 비롯한 영국의 급진적 철학자들이 서민들의 교육에 열을 올린 이유가 바로 그것이었다. 지배자와 피지배자로 이루어진 사회에서 피지배자가 지배자로부터 벗어나는 유일한 방법은 교육이다. 교육

을 통해 자신이 누려야 할 정당한 권리를 알
게 된 인간은 지배자가 누리는 쾌락이 그들만
의 것이 아니라는 사실을 알게 될 것이다. 벤담
도 교육을 통해 영국의 서민들이 자신들이 마땅히 누려야 할 행복
을 얻는 방법을 배워야 한다고 믿었다.

모든 인간은 쾌락을 추구하는 존재다. 한자말 쾌락을 우리말
로 바꾸면 즐거움이다. '쾌'는 정신적인 즐거움이고, '락'은 육체적
인 즐거움을 뜻하므로 쾌락에는 정신적인 것과 육체적인 것이 있
다고들 하지만 일반적으로 쾌락은 그냥 즐거운 것이다. 고통이 가
득한 삶을 원하는 사람이 있을까? 벤담에 따르면 나의 행복
은 곧 나를 둘러싼 사회의 행복이고 나의 고
통 또한 사회의 고통이다. 아, 우울할 때면 세
상 모든 사물이 울적해 보였던 게 다 이유가
있었구나!

241

마음껏 행복하기

$$P+(5×E)+(3×H)$$

몇 학년 때 배웠던 수학 공식일까? 아무리 머리를 쥐어짜도 생각나지 않을 것이다. 위 공식은 바로 행복지수를 산출하는 공식이다. 영국의 심리학자 로스웰이 2000년 초에 발표한 이 행복지수는 20년 동안 천여 명의 남녀를 대상으로 다양한 상황 속에서 자신을 가장 행복하게 만드는 5가지 상황을 골라 공식화한 것이다. 재미삼아 자신의 행복지수를 산출해 볼 수 있도록 설명을 덧붙이자면, 공식에서 P는 personal로 개인의 인생관, 적응력 등을 나타내고, E는 existence, 즉 건강, 돈과 같은 인간의 생존 조건을, H는 higher order로 야망, 자존심 등 고차원 상태를 의미한다. 로스웰은 이들 3요소 중에서 생존 조건인 E가 개인적 특성인 P보다 5배 더 중요하고, 고차원 상태인 H는 P보다 3배 더 중요하다고 판단하여 행복지수를 위와 같이 공식화하였다. 다음은 아래의 4가지 항목에 대해 자신의 상태를 0부터 10사이 숫자로 표시한다.

① 외향적이고 변화에 유연하게 대처한다.

② 늘 긍정적이고, 우울한 기분에서 비교적 빨리 벗어나며 스스로를 잘 통제한다.(이상 P지수)

③ 건강 · 돈 · 안전 · 자유 등 나의 조건에 만족한다.(E지수)

④ 가까운 사람들에게 도움을 청할 수 있고, 내 일에 몰두하는 편이며, 스스로 세운 기대치를 달성하고 있다.(H지수)

자, 이제 ①과 ②를 더한 점수에 ③점수의 5배, ④점수의 3배를 더하면 행복지수가 산출되는데, 만점인 100점에 가까울수록 행복도가 높은 것이다. 로스웰은 행복도를 높이기 위한 방법으로 가족과 친구 그리고 자신에게 시간을 쏟을 것, 취미를 즐길 것, 밀접한 대인관계를 맺을 것, 새로운 사람들을 만나고 기존의 틀에서 벗어날 것, 현재에 충실할 것, 운동하고 휴식할 것, 항상 최선을 다하되 실현 가능한 목표를 세울 것 등을 강조하고 있다.

그렇다면 이건 어떤가?

얼마나 강한가?

얼마나 오래 가는가?

얼마나 확실한가?

얼마나 가까이 있는가?

또 다른 쾌락을 낳는가?

고통이 없는가?

많은 사람들에게 영향을 끼치는가?

벤담에 따르면 쾌락도 수학처럼 계산이 가능하다. 위의 7가지 질문이 바로 벤담이 로스웰보다 200년 앞서 쾌락 계산을 위해 세운 7가지 기준이다. 강하고, 오래 가고, 확실하고, 가까이 있고, 또 다른 쾌락을 낳고, 고통이 없고, 많은 사람들에게 좋은 영향을 끼치는 쾌락. 그런 게 있기만 하다면 그보다 더 좋은 쾌락이 어디에 또 있을까.

철저하게 쾌락과 행복이 비례한다고 생각한 벤담은 모든 쾌락은 수치화시킬 수 있고, 계산이 가능하다고 보았다. 영국의 급진적 철학자, 즉 공리주의자들은 가능한 많은 사람들이 가능한 많은 행복을 느끼며 살기를 원했다. 공리주의자들은 지배자와 피지배자, 가진 자와 착취당하는 자 사이에서 최대다수는 피지배자이자 착취당하는 자들이며 그들의 최대행복을 위해 국가는 평등한 분배를 해야 한다고 주장했다. **당연한 말이지만 당시로서는 무시무시한 사상이었다. 서민들은 군주와 귀족들이 단지 토지만 소유하고 있을 뿐 아무 일도 하지 않는다고 생각했다.** 그 토지를 일궈 소출을 내는 것은 서민이지만 그들에게 돌아오는 건 아무것도 없다. 바로 여기서 서민들은 박탈감을 느낀다. 공리주의자들이 균등한 배분이야말로 행복의 지름길이라고 생각한 이유가 여기에 있다. 예나 지금이나 가진 자들은 대대손손 배를 불리고 그들을 위해 뼈 빠지게 일하는 이들은 가난을 면치 못하고 박탈감을 느끼며 사는 건 똑같았던 모양이다.

여기서 한 가지 주의할 것은 공리주의자들이 공정한 분배라고 말한 것은 모든 사람들에게 똑같이 돈을 나누어 준다는 의미와는 다르다는 점이다. 돈이 행복의 척도가 된다면 더 많은 돈을 가진 사람이 더 행복하다는 결론에 이르기 때문에 사람들은 더 많은 돈을 원하게 되고 이렇게 되면 모든 사람들이 자신보다 더 많은 돈을 가진 사람이 행복하다고 생각하게 될 것이므로 결국 최대행복은 불가능해진다는 것이다. 그래서 공리주의자들은 돈의 균등한 분배가 아니라 경제적인 균등 즉, 모두가 자유로운 경제 활동을 할 수 있도록 균등한 기회를 주는 것이 결국 최대행복으로 가는 길이라고 믿었다.

우리는 매일 쾌락을 통한 행복을 꿈꾼다. 하지만 많은 꿈이 그저 꿈으로 끝난다. 왜일까? 행복도 쾌락도 모두 상대적이기 때문이다. 벤담은 돈으로 행복이나 쾌락을 계산하지 말라고 했지만 그것만큼 절대적인 지표가 또 어디 있겠는가. 경제 순위는 전세계 20위 안에 들면서 행복지수는 100위 안에도 못 드는 대한민국.

"행복은 쾌락의 향유와 고통으로부터의 안전으로 구성된다."

쾌락과 고통을 감지할 수 있는 능력만 있다면 누구나 행복의 주체가 될 수 있다고 말한 벤담의 이야기를 떠올리며 오늘 나만의 소소한 행복리스트를 작성해 보는 것에서부터 행복 쌓기를 시작해 보는 건 어떨까.

& **제러미 벤담**

제러미 벤담
Bentham, Jeremy

벤담은 영국의 공리주의를 창시한 철학자이
자 사회개혁가이며, 무엇보다 현대식 사회보
장제도를 주창한 사상가이다. 또한 남녀평등주의자
이며 동물보호운동가였고, 사형제도 폐지를 주장했으며, 자유로
운 동성연애와 언론의 자유를 요
구하였다.

벤담은 1748년 런던에서 태어
났다. 변호사였던 아버지의 교육
방침에 따라 4살부터 그리스어와
라틴어를 배웠고, 12살이 되던
1760년 옥스퍼드대학에 입학하
여 법학과 철학을 전공하였다. 이

곳에서 벤담은 평생 우상이었던 뉴턴과 프리스틀리를 연구하였고, 흄과 볼테르와도 교류하면서 자신의 업적을 쌓았다. 9년 후 변호사 자격을 획득하여 영국 법을 비판하고 성문법을 만들기 위해서 평생 노력하였다.

벤담의 사회개혁운동은 프랑스대혁명에 많은 영향을 주었고, 그 결과 미국의 초대 대통령 조지 워싱턴, 독일의 시인 실러와 더불어 프랑스 명예시민으로 추대되기도 하였다. 뿐만 아니라 벤담의 개혁적인 정신과 공리주의 철학은 영국 보수주의 정치에 많은 영향을 끼쳐 영국 정치가 자유주의 정치로 변하는 계기를 마련하였다. 특히 벤담의 공리주의 철학은 제임스 밀과 그의 아들 존 스튜어트 밀에 큰 영향을 끼쳤다. 프랑스의 명예시민이 된 벤담은 프랑스의 교도소를 개혁하기 위한 노력도 아끼지 않았는데 특히 판옵티콘과 같은 교도소 시설은 폐지되어야 한다고 주장하였다.

벤담은 1807년 혹은 1808년 정신적 친구이자 제자인 제임스 밀을 만나면서 공리주의 철학에 대한 확실한 영역을 완성한다. 두 사람은 영국의 잘못된 법률들을 모조리 바꾸기 위해 노력하였다.

249

이런 노력의 결과는 많은 벤담의 저서와 논문을 통해 발표되었고, 오늘날 영국의 법에도 반영되고 있다.

공리주의가 윤리나 도덕뿐 아니라 교육과 법에도 적용되어야 한다고 믿었던 벤담은 영국에 많은 대학교가 설립되어 학생들이 의무적으로 교육을 받을 수 있도록 해야 한다고 주장했다. 그리고 대학생들에게는 필수과목으로 윤리학을 가르쳐야 한다고도 주장했다. 즉 윤리학이 국가와 사회에 정착되고 교육이 바뀌어야 사회가 변하고 국가가 개혁될 수 있다고 보았던 것이다.

벤담은 인간의 삶의 목적은 고통 없이 행복과 쾌락을 누리는 것이라고 생각했다. "최대다수의 최대행복"은 바로 그와 같은 생각에서 나온 것이다. 국민들의 행복과 쾌락을 위해 법을 바꾸고 사회를 개혁하고자 했던 벤담은 1832년 84살의 나이로 런던 자택에서 자신을 돌보던 비서 품에 안겨 조용히 세상을 떠났다. 그 후 그의 공리사상은 평생의 친구이며 제자였던 제임스 밀과 그의 아들에 의해 더욱 발전하였다.

급진주의 철학자, 행복을 계량하다

증기 기관으로 방적기를 움직이기 시작하면서 사람의 손이 필요 없게 되었습니다. 기계가 모든 옷감을 짜 주었기 때문입니다. 특히 영국에는 양모 외에도 석탄과 철광 등 지하자원이 풍부했습니다. 18세기 중엽부터 질 좋은 철을 생산하기 시작한 영국 사람들은 철을 이용한 공장을 짓기 시작했습니다. **산업 혁명은 대량 생산을 가능하게 했습니다. 이렇게 생산된 물건은 재투자를 위한 판매가 우선입니다. 그러나 늘어난 생산량만큼 판매량은 갑자기 증가하지 않았습니다. 재고는 쌓여 가고, 생산된 물건은 판매가 되지 않아 재투자는 엄두도 내지 못했습니다.** 공장주는 생산가를 낮추기 위해서 어쩔 수 없이 노동자를 줄이거나 임금을 줄일 수밖에 없었습니다. 하지만 그것도 한계가 있겠죠. 분노한 노동자는 거리로 뛰어나와 자신들의 억울함을 알리려고 노력했습니다.

공장주들의 횡포와 노동자들의 분노를 영국 정부는 가만히 두고만 볼 수 없었습니다. 영국 정부는 노동자 편에서 많은 정책을 개혁하기 시작했습니다. 이런 영국의 정치적 개혁에 가장 많은 영

& 제러미 벤담

향을 발휘한 이들이 철학자였습니다. 이들 철학자의 수는 적었지만 그들은 힘을 갖고 있었으며, 아주 **빠른** 개혁을 요구하였습니다. 이 사람들의 집단을 철학의 역사에서는 "철학의 급진파" 혹은 "공리주의자"라고 합니다.

(중략)

영국의 **빠른** 개혁을 요구한 철학의 급진파인 공리주의자 벤담은 런던에서 태어났습니다. 법학을 전공한 벤담은 변호사로 사회생활을 시작했습니다. 벤담은 변호사 생활을 하면서 당시 영국의 재판 제도나 법 적용에 대해서 많은 불만을 갖고 있었습니다. 그렇기 때문에 약간의 수정이나 변화로는 영국의 법을 바꿀 수 없다고 보았습니다. 그래서 그는 홍수가 일어나 영국의 모든 법을 말끔히 씻어 내야 한다고 말한 것입니다.

(중략)

벤담은 허치슨 교수의 선과 쾌락에 관한 철학에 많은 영향을 받았습니다. 허치슨 교수는 선이란 쾌락이며, 악은 고통이라고 주장했습니다. 뿐만 아니라 모든 사람은 어떻게 하면 고통을 없애고 쾌락을 즐길 수 있을까를 고민한다고도 했습니다. 벤담은 허치슨의 이 말을 자신의 공리주의적인 생각에 적용시켰고, 이런 생각을 가진 벤담은 급진파의 지도자 역할을 하였습니다. 벤담은 선과 쾌락 이외에 도덕과 윤리의 문제도 허치슨 교수로부터 영향을 받았습니다. 벤담은 윤리와 도덕을 법과 사회 모두에 적용해야 한다고 믿었습니다.

벤담이 영국의 개혁을 위해 또 하나 중요하게 생각한 것은 교육입니다. 당시 잉글랜드에는 옥스퍼드대학과 케임브리지대학밖에 없었습니다. 벤담은 더 많은 대학이 생겨야 한다고 주장했습니다. 그리고 대학에서는 의무적으로 윤리와 도덕을 가르쳐야 한다고 생각했습니다. 사회의 빠른 변화나 영국의 빠른 개혁은 윤리학이 사회에 정착되고, 교육의 개선이 이루어질 때 가능하다고 주장했습니다.

프랑스 혁명이 일어난 해인 1789년 벤담은 《도덕 및 입법立法의 모든 원리Introduction to the Principles of Moral and Legislation》라는 책을 발표했습니다. 벤담은 이 책에서 프리스틀리의 용어인 "최대다수의 최대행복"이라는 말을 사용하였습니다. 그리고 이 용어를 공리주의 철학의 근본 원리로 삼았습니다. 벤담은 인간의 삶의 목표는 행복이라고 생각했습니다.

253

사회는 많은 사람이 모여 삽니다. 사회가 행복하려면, 사회에 소속되어 있는 모든 사람이 행복해야 합니다. 하지만 사회 구성원 모두가 행복할 수는 없습니다. 그래서 벤담은 한 사람 한 사람이 모여 사는 사회의 행복은 최대한 많은 사람이, 최대한의 행복을 느끼면 곧 사회가 행복해지는 것이며, 잘 사는 나라가 되는 것이라고 생각했습니다. 이것이 벤담의 공리주의적 쾌락설입니다.

_《필로소피컬 저니》, 서정욱, 함께읽는책, 2008.

12

예외 없이 행복하라

&

존 스튜어트 밀

해야 할 것을 하라.
모든 것은
타인의 행복을 위해서,
동시에 나의 행복을
위해서이다.

_**톨스토이**

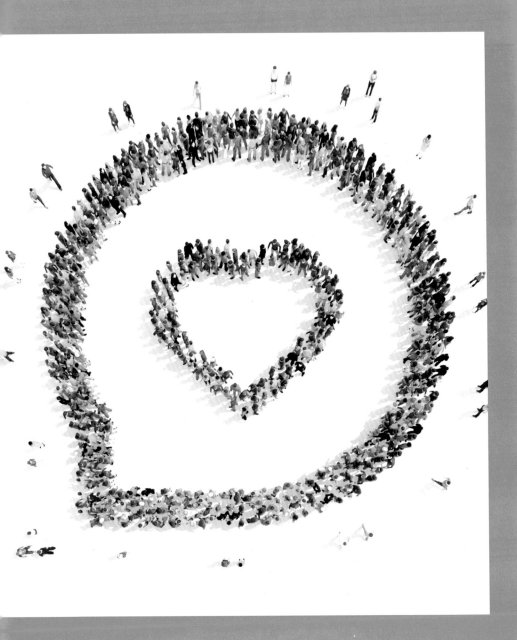

같이 행복하기

쾌락을 계산할 수 있을까? 질적인 쾌락과 양적인 쾌락을 구별할 수 있을까? '최대 다수'가 누리는 '최대 행복'을 누리지 못하는 이들은 어떻게 해야 하나?

선진국일수록 사회보장제도가 발달되어 있다. 영국에도 엘리자베스 여왕 시절 이미 실업자 구제를 위한 사회보장제도가 존재했다. 하지만 당시 공리주의자들은 이 제도에 대해 강한 불만을 제기했다. 언뜻 이해가 되지 않는다. 도대체 왜일까?

국가는 근로자가 회사로부터 해고를 당하면 근로자 및 그 가족의 생계를 국가에서 일정 부분 책임진다는 뜻에서 실업 수당을 제공한다. 바로 이 실업 수당에 대해 공리주의자들은 국가가 일하지 않고 돈을 버는 방법을 가르쳐 주는 것과 같다며 오히려 더 많은 실업자를 양산하는 제도라고 생각한 것이다. 그리고 공리주의자들의 이러한 생각을 반영하여 영국에서는 새로운 사회보장제도가 마련되었다. 신체적으로 건강한 사람은 사회에 나가 반드시 일을 해야 하며 일을 하고 싶어도 할 수 없는 노약자나 심신미약자의 경우에만 국가가 도와야 한다는 내용이었다. 당시만 해도 이러한 차등 구제책이 진정한 사회보장제도로 받아들여졌다.

영국의 유명한 경제학자 제임스 밀은 벤담의 영향을 많이 받았다. 벤담의 지도력과 제임스 밀의 추진력이 없었다면 19세기 영국의 사회개혁은 불가능했다고 말할 정도로 두 사람이 영국에 끼친 영향은 상당하다. 바로 이 제임스 밀의 아들이 우리가 잘 알고 있는 존 스튜어트 밀이다. 벤담과 마찬가지로 교육의 힘을 믿었던 제임스 밀은 아들 존 스튜어트 밀을 실험 대상으로 삼았던 모양이다. 존 스튜어트 밀은 어려서부터 라틴어, 그리스어, 논리학 등을 배우고, 토론과 독서를 통해 지식을 쌓아 갔다. 그리고 자라면서 누구보다 벤담의 영향을 많이 받게 되었다. 그런데 바로 이 존 스튜어트 밀이 벤담의 행복론에 의문을 제기한다.

왜 '최대' 다수인가? 왜 '모두'가 아닌가? 최대 다수란 일정한 조건에서 가능한 한 가장 많은 사람을 뜻하는 말이지 결코 모든 사람을 뜻하는 말은 아니다. 왜 모든 사람이 모든 행복을 누리지 못하고 '가능한 한' 많은 사람만이 '가능한 한' 많은 행복을 누려야 하는가. 최대한이라는 말은 너무 모호할 뿐 아니라 최대한이라는 무리가 생기면 그 안에 속하지 못하는 사람들도 분명 생기게 될 것이다. 밀은 이렇게 소외되는 사람이 한 명이라도 생긴다면 그것은 결코 공리주의자들이 원하는 바가 아니라고 생각했다. 여기서 밀의 두 번째 의문이 등장한다. **왜 소외되는 사람이 생기는가?**

벤담은 쾌락을 마치 수학처럼 계산할 수 있다고 했고, 쾌락의 양이 많으면 많을수록 행복도 최고조에 이른다고 보았다. 행복하게 사는 것이야말로 모든 사람들의 꿈이자 그 자체로 삶의 목적이 된다. 군주와 귀족이 모든 것을 소유하고 통치하는 나라, 이런 나라에서는 결코 대다수의 서민들이 행복할 수 없다. 바로 그 서민들의 삶에 관심을 가진 이들이 바로 공리주의자들이었다. 그들은 서민의 행복이 곧 국가의 행복임을 영국 정부에 강하게 주장했고,

261

그들의 요구에 따라 국가에서는 구빈법Poor Law 등의 사회보장제
도를 마련하여 서민의 빈곤에 대해 국가가 책임을 지는 근거를 마
련하였다. 그러나 구빈법에서 가장 중요한 원칙은 '무능력자'여야
구제를 받을 수 있다는 것으로, 무능력자라는 조건을 만족하려면
최저임금 노동자 이하의 삶을 살아야만 했다.

공리주의자들은 "최대다수의 최대행복"을 말하였다. 그들은
사실 "모든 사람에게 모든 행복"이란 말을 하고 싶었던 걸지도 모
른다. 하지만 사회보장제도가 막 생겨나고 군주나 귀족과 같이 소
위 가진 자들이 자신들 소유의 일부를 떼어 서민들과 근로자들에
게 나누어 주는 방식으로 제도를 유지하는 데에는 분명 한계가 있
었다. 벤담을 비롯한 공리주의자들은 이만해도 전보다는 낫다고
생각했겠지만 밀은 달랐다. 과격하게 말하자면, 가진
자들의 것을 빼앗는 김에 확실하게 빼앗자는
것이 그의 생각이었던 것이다. 밀은 어떤 경
우라도 소외되는 사람이 있어서는 안 된다고
생각했다. 최대 다수가 아닌 모든 사람이 행복하고 모든 사람
에게 국가의 혜택이 고르게 돌아가는 사회를 주장했다. 그것이 밀
이 벤담의 행복론에 의문을 제기했던 이유다.

긍정 돼지가 되지 마라

만족해하는 돼지보다 불만족스러운 인간
이 낫고,
만족해하는 바보보다 불만을 느끼는 소
크라테스가 낫다.

귀족과 봉건 영주에게 눌려 살던 영국의 서민들은 행복이 뭔
지 몰랐다. 그런 그들에게 자신들을 억압하고 착취하던 자들의 그
늘에서 벗어나 국가가 제공하는 사회보장제도 속에서 느끼는 안
락함이야말로 행복한 삶의 모든 것이었다. 그래서 그들은 쾌락의
종류 따위 별 관심이 없었다. 더 많은 쾌락이 곧 큰 행복이라고 굳
게 믿었다. 하지만 시간이 지나면서 쾌락에도 종류가 있음을 알게
되었다. 어떤 쾌락이 더 좋은 쾌락일까?

263

& 존 스튜어트 밀

밀의 대답은 간단했다. 자신의 삶에 만족하며 사는 바보, 돼지가 되느니 자신의 삶을 늘 부정하고 부단히 고민하는 인간이 되라는 것, 즉 양적인 쾌락이 아닌 질적인 쾌락을 추구하라는 것이었다. 그렇다면 밀이 주장하는 질적인 쾌락이란 과연 무엇일까?

일반적으로 우리는 육체적인 쾌락과 정신적인 쾌락을 구별한다. 육체적인 쾌락은 주로 경험을 통해 얻어지며 그 좋고 나쁨이 여러 단계로 나뉘는데, 경험을 통해 얻어지는 쾌락, 또 추구하는 쾌락의 종류는 사람마다 다르다. 17세기 영국의 서민들 또한 군주와 봉건 영주로부터 독립하여 자신들만의 삶을 영위하기 시작하면서 다양한 형태의 삶을 추구하게 되었다. 봉건 영주의 지배 아래 귀족들의 취향과 인격을 흠모하면서 살았던 서민들은 독립후 자신들만의 삶을 꾸리면서 각자 수입에 따라 서로 다른 취향과 인격을 갖추고 서로 다른 쾌락을 추구하며 살았을 것이다. 밀은 이렇게 얻어진 쾌락을 육체적인 쾌락과는 다른 것, 즉 질적인 쾌락이라고 이름 지었다. 이러한 쾌락은 타인의 취향과 인격을 흠모해야 얻을 수 있는 쾌락이며 이러한 정신적인 쾌락이야말로 모든 사람을 오랫동안 행복하게 해 준다고 밀은 믿었다. 왜냐하면 이러한 정신적인 쾌락을 통해 행복을 얻는 사람은 타인의 행복을 생각하지 않고는 자신의 행복을 상상도 할 수 없기 때문이라는 것이다. 밀에 의하면 인간은 이타적인 성향을 가지고 태어나며, 이타적인 행동을 되풀이하면서 정신적으로 더욱 성숙된다.

인간은 스스로 도달할 수 있는 최선의 상태로 자신을 끌어올리는 것을 삶의 궁극적 기준으로 삼아야 한다고 밀은 말한다. 그러기 위해서는 누구나 자신의 생각과 취향에 따라 자신의 삶을 영위할 수 있어야 하며 그래야만 참된 행복을 누릴 수 있다는 것이다. 밀의 경우 부모의 반대를 무릅쓰고 유부녀였던 해리엇 테일러와 사랑에 빠졌던 것으로도 유명한데 해리엇은 그의 연인이자 지적 동반자였다. 해리엇의 남편이 죽고 둘은 결혼을 하지만 해리엇의 이른 죽음으로 결혼 생활은 금방 끝이 났다고 한다. 부모의 반대를 무릅쓰고 자신이 진정으로 좋아하는 사람과 교제를 한 것도 어찌 보면 밀이 늘 말하던 대로 '자기 방식의 삶'을 추구한 것이 아닐까.

18평짜리 소형 아파트보다 50평짜리 프리미엄급 아파트가, 국산 소형차보다 수입 외제차가, 한 끼에 5천 원 하는 백반보다 상다리 부러지게 차려진 수십만 원짜리 한정식 한 끼가, 동대문시장

265

에서 저렴하게 구입한 옷 한 벌보다 백화점 명품 매장에서 VIP 대접 받으며 구입한 정장 한 벌이 우리를 조금 더 행복하게 만드는 세상. 자본주의 사회의 한복판에 살고 있는 우리가 과연 양적인 쾌락보다 정신적인 쾌락을 추구하며 살 수 있을까. 뻔한 얘기지만 우리 삶에 정답은 없다. 만족한 돼지로 살든 불만족한 인간으로 살든 단 한 번뿐인 인생이라는 것만이 우리 모두에게 동등하게 주어진 삶의 조건이다.

존 스튜어트 밀
Mill, John Stuart

존 스튜어트 밀은 제러미 벤담의 친구이자 제자였던 제임스 밀의 아들로 1806년 런던에서 태어났다.

아버지 제임스는 벤담으로부터 많은 영향을 받은 것으로 보인다. 제임스는 아주 엄격한 방법으로 아들을 교육시켰는데 때로 벤담의 조언을 듣는 것 외에는 어떤 도움도 받지 않았다. 특히 가족 외에 다른 친구들과 존이 접촉하는 것도 허락하지 않을 정도로 폐쇄적인 교육을 시킨 것으로 유명하다. 아마도 벤담으로부터 이어져 온 공리주의 사상이 자신을 거쳐 아들에게까지 온전히 이어지기를 원했던 것 같다.

267

다행히 밀은 벤담만큼이나 명석한 아이였다. 3살 때부터 그리스어를 배우기 시작해, 8살 때 이미 그리스어로 된 《이솝 우화집》, 헤로도토스의 《역사》, 그리고 플라톤의 저서를 비롯한 다양한 책들을 읽었고, 문헌학과 역사를 배워 《플루타르코스 영웅전》과 흄을 읽고, 수학을 능숙하게 할 정도로 뛰어난 천재성을 보였다. 그리고 8살 이후부터는 라틴어를 배워 라틴어 역사책을 모두 읽었고, 동생들을 가르치기도 했으며, 시간이 있을 때마다 자연과학과 소설을 읽었다.

12살부터 아리스토텔레스의 논리학과 중세 철학을 연구하기 시작한 밀은 다음 해부터는 정치경제학에도 관심을 갖고 아담 스미스와 리카도(David Ricardo, 1772~1823)의 이론을 어떤 누구의 도움도 받지 않고 혼자 연구한다. 아버지 밀은 이런 아들을 위해 리카도와 함께 시간을 보낼 수 있도록 해 주었다고 한다. 밀은 1823년 5월부터 동인도 회사에 근무하면서 짧은 시일에 관리직에 오를 정도로 경영에도 소질을 보였다. 14살이 되자 제러미 벤담의 동생인 사무엘 벤담(Samuel Bentham, 1757~1831)과 함께 몽펠리에로 가서 화학, 동물학, 논리학, 그리고 수학을 배운다. 그리고 프랑스의 자유주의에 빠져 공부 외에도 승마, 수영, 펜싱, 사교춤 등을 배우기 시작한다. 프랑스의 경제학자 세(Jean-Baptiste Say, 1767~1832)의 집에 머물면서 프랑스의 비중 있는 정치가 생시몽(Henri de Saint-Simon, 1760~1825) 등을 만난 밀은 영국으로 다시 돌아와 벤담의 자유사상과 공리주의 사상을 접한 뒤 친구들과 함께 공리주의자 협회를 만들어 활동하기 시작한다. 20살이 넘어서면서 신경쇠약에 시달리기 시작했는데 워즈워드의 시가 많은 도움이 되었다고 한다.

1830년 24살의 밀은 운명의 여인을 만난다. 바로 런던에서 사업을 하던 존 테일러의 부인 해리엇이다. 18살에 결혼한 해리엇은 당시 23살로 자신보다 11살 많은 남편과의 사이에 두 아들을 두고 있었다. 두 사람은 해리엇의 남편이 죽은 뒤 결혼하였으나 결혼 후 7년이 지날 무렵 남프랑스로 떠난 여행에서 해리엇이 폐충혈로 갑작스럽게 사망하자 밀은 그곳(아비뇽)에 해리엇을 묻고 조그마한 농가를 구입하여 영국과 프랑스를 오가며 안식처로 삼았다. 해리엇을 잃고 이탈리아를 여행하면서 펴낸 책이 바로 《자유론》이다. 이후 밀은 정치에 관심을 두고 하원의원으로 지내면

269

서 시민의 자유, 여권신장, 노동운동 등에 많은 노력을 기울인다. 1869년 의회 연설에서 여성에게 투표권을 주어야 한다고 주장했다. 밀의 자유주의 사상과 약자를 위한 정치적 행보들은 영국은 물론 유럽의 여러 나라에까지 영향을 주었다. 뿐만 아니라 그의 사상은 자유민주주의 사회에 가장 기본적이고도 보편적인 정치사상으로 작용하고 있다.

개혁적인 사고방식을 가진 철학자이자 자유주의자이고, 여성운동가이며 노동운동가였던 밀은 1873년 67살의 나이로 부인이 묻힌 아비뇽에서 조용히 눈을 감았다.

존 스튜어트 밀의 《자유론》 중에서
개인행동의 자유
나는 개성의 발전 없이 사회의 발전은 없다고 생각한다. 그렇기 때문에 훌륭한 사상은 분명한 개성을 가진 사람에 의해서 만들어진다고 본다. 이 세상에는 새로운 진리를 발견하는 사람, 새로운 일로 인간 역사에 계몽적인 행동을 보여 주는 사람, 더욱 훌륭한 취미와 감각으로 모범을 보여 주는 사람과 같은 천재들이 필요하다. 천재들의 자유롭고 거침없는 행동은 관습과 전통을 깨고 인류의 역사에 크게 봉사할 것이다. 그러나 사회는 천재들을 비겁하게 틀에 가두거나 시대의 획일성에 동참하도록 강요한다. 그렇기 때문에 천재의 중요성은 사상이나 실천 양면에서 자유롭게 신장될 필요가 있는 것이다.

사회나 국가는 천재뿐 아니라 개인에게도 각자의 개성에 맞는 삶의 형태를 인정하지 않고 뿐만 아니라 여론도 개성의 발휘를 용납하지 않는다. 문제는 이런 개성이 집단 속에 매몰되고 있는데, 교회나 국가에서는 이런 개성 있는 사람들의 사상을 인정하지도 않고, 어떤 지도자도 어떤 사상가도 그들의 생각이나 사상을 책으로 남기려 하지도 않는다는 데 있다. 그러나 나는 개탄하지 않는다. 교회든 정치든 지배적인 다수가 훌륭한 재능을 가진 한 사람이나 소수의 수준을 능가하지도 못하고, 능가할 수도 없다는 사실을 인정하지 않거나 아예 모른다는 것이 슬플 뿐이다.

사회나 국가의 모든 현명하고 고상한 것은 독특한 개성을 가진 개인으로부터 시작되어야 한다. 그렇다고 천재적인 영웅숭배론을 찬성하는 것은 아니다. 사람을 구속하고 억압하는 것은 자유

& 존 스튜어트 밀

와 개인적인 발전에 장애가 될 뿐이다. 파격적인 개성을 가진 사람은 사회정신이 최고조에 이를 때 드러난다. 오늘날은 이런 파격적인 행동을 하는 사람이 너무나 적다. 곧 시대의 중대한 위기라고 나는 생각한다.

문제는 여론에 있다. 오늘날 여론의 분명한 특성은 개성이 너무 뚜렷이 표현되는 것을 허용하지 않는다는 것이다. 일반인은 지성도 성향도 평범하기 때문에 이례적인 일을 시도할 정도의 강력한 취향도, 의향도 갖고 있지 않다. 그렇기 때문에 그런 의향이나 취향을 갖고 있는 사람을 이해하지 못한다. 이렇게 일반화된 사람들의 사고와 행동을 바꾸기 위해 개성의 자유와 진보 정신을 일깨워 주어야 한다. 관습의 횡포가 모든 곳에서 인간의 진보를 지속적으로 방해하고 있음은 잘 알려진 사실이다. 관습은 자유정신, 개화, 혹은 진보를 막으려는 경향이 강하기 때문이다.

(중략)

영국뿐 아니라 유럽에서는 여론의 우위가 완전히 확립되면서 동일화 작업에 불이 붙었다. 옛날에는 높은 지위의 사람들이 대중의 의사를 무시하는 것이 보통이었다. 그러나 여론이 국가와 백성을 움직이는 중요한 수단으로 자리하면서 대중의 입을 막고, 국가에 대항하거나 여론에 대항하는 세력을 막았다. 이렇게 여러 가지 원인들이 한 덩어리가 되어 개인행동의 자유를 억제하고 있다.

개성이 자신의 위치를 찾는 일은 결코 쉽지 않다. 더더욱 힘든 것은 지성인이 개성을 중요하게 생각하지 않는다는 점이다. 개성이 너무 지나친 것도 문제가 될 수 있지만 획일적인 것보다는 좋다고 생각해야 한다. 그것만이 개성을 회복할 수 있는 유일한 길이다.

아무리 영국 정부가 동일화를 강제하려 해도 많은 시간이 필요하다. 그래서 나는 지금이 중요한 시기라고 판단한다. 인간생활이 하나의 획일적인 상태가 될 때까지 아무런 대항 없이 기다린다면 어떤 경우에도 우리는 동일화에서 벗어나지 못한다. 인간은 잠시라도 다양성을 보장받지 못하면 다양성의 차이를 분간할 수 없고 개인행동의 자유도 보장받을 수 없게 될 것이다.

_《철학, 불평등을 말하다》, 서정욱, 함께읽는책, 2010.

273

13

연애? 결혼? 누가 하는 건데?

&

밀과 해리엇

결혼은
천국도 아니고
지옥도 아니다.
그저 연옥쯤 된다.

_링컨

발칙하게 대시하자!

"칼라일보다 더 훌륭한 시인이요, 나보다 더 뛰어난 사상가, 내 생애의 영광이며 으뜸가는 축복, 나에게 하나의 종교이고, 가치의 근본이며, 내 생활을 이끌어가는 표준과도 같은 사람."

젠틀맨gentleman이라는 말은 현대에는 예의 바르고 교양 있는 남자를 지칭하는 표현으로 대중화되었지만, 본래는 영국에서 중세 후기에 등장한 중산적中産的 토지 소유자들, 즉 '젠트리gentry'를 지칭하는 말이었다. 영국 봉건사회가 무너지면서 노동자로 변신한 서민들은 스스로 노력으로 얻은 경제적인 부를 바탕으로 교외에 자신만의 집을 짓고 전원생활을 즐기는 것을 꿈꾸었다. 경제력을 바탕으로 삶의 여유를 누리는 꿈을

277

& 밀과 해리엇

이룬 젠트리들이 바로 젠틀맨의 시초가 되었고, 이들은 다양한 사회 활동을 통해 지역 사회 및 경제의 실권자가 되기도 하였다. 그러나 시대가 변하면서 젠틀맨의 계층적인 개념은 점차 사라지고, 교양 있고 예의 바른 남성, 혹은 레이디에 반대되는 개념을 총칭하는 말이 되었다.

산업혁명이 만들어 낸 젠틀맨이라는 호칭, 이 호칭에 대한 영국 사람들의 자부심과 자긍심은 매우 강하다. 영국의 철학자 존 스튜어트 밀이 살았던 19세기는 영국이 세계를 지배하던 시기였고, 영국인들의 자부심이 하늘을 찔렀던 만큼 윤리적으로 어긋난 행동에 대한 사회의 시선은 매우 가혹했다. **바로 이 시기 총각이었던 밀은 엄연한 가정이 있는 유부녀와 자주 어울렸으니 주변의 시선뿐 아니라 영국 전체의 시선이 고울 리 없었다. 둘은 왜 서로에게 끌렸던 걸까?**

존 스튜어트 밀의 아버지 제임스 밀은 공리주의를 이끈 대표적인 철학자로 누구보다 교육의 중요성을 강조했다. 밀은 아버지의 가르침에 따라 가정교사에게 교육을 받기 시작했는데, 3세 때부터 라틴어를 배우고, 8세 때에는 고대 그리스어를, 12세 때에는 논리학을 배우는 등 또래에 비해 엄청난 양의 지식을 습득한 결과 논리적인 사고력이나 철학적인 지식은 매우 뛰어났으나 정상적으로 또래와 어울리지 못했던 탓에 우울증과 대인기피증이 생겼고 힘든 청년기를 보내야 했다.

정신적으로 힘든 시기를 보내던 밀은 23살이 되던 해에 유명한 사업가 존 테일러를 만나게 되는데 그러면서 그의 인생은 바뀌기 시작한다. 당시 테일러에게는 해리엇이라는 젊은 아내와 두 아이가 있었는데 테일러와는 달리 예술과 시, 철학에 조예가 깊었던 해리엇은 밀과 함께 깊이 있는 토론을 나누며 정신적인 친구 사이가 되었다. 당시만 해도 여자가 교육을 받기란 쉽지 않았고 결혼이나 여타 자신의 삶에 대한 결정권도 아버지나 남편에게 주어졌던 시절이었다. 해리엇 또한 다르지 않았는데, 그녀 역시 동시대의 다른 여성들처럼 여자 아이의 교육에 신경 쓰지 않는 부모들 덕에(!) 어려서부터 스스로 철학과 논리학 등을 공부하며 지식을 쌓아야 했다. 그러나 열여덟 살이 되자 부모의 선택에 의한 원치 않는 결혼을 해야 했고 아마도 그때부터 여성 해방에 관한 그녀의 의식들이 싹 트게 된 것 같다. 후에 그녀는 자신의 책에서 당시 영국의 혼인 계약은 여자들에게는 노예계약과 다를 바 없다고 이야기하는데 여성들의 결혼 연령이 매우 낮아 결혼에 대해 무지할 뿐 아니라 남편의 폭력에도 항의할 수 없으며 자기가 낳은 아이에 대해서도 아무런 권리를 가질 수 없는 문제점 등을 제기하였다. 밀과 함께 해리엇은 결혼과 이혼, 여성해방에 관한 주제로 많은 글을 썼는데, 여성 해방에 관한 한 저서에서는 여성의 공직 진출을 막고 선거권도 주지 않으면서 세금은 꼬박꼬박 걷어 가는 영국 정부에 대해 날선 비판을 하기도 했다.

밀과 해리엇, 두 사람은 동등한 인격체로서 서로를 고양시키고 발전하게 하는 영혼의 짝이었다. 물론 해리엇은 이미 결혼을 한 유부녀였지만 둘은 20년 넘게 변함없이 지적 교류를 나누며 서로의 우정을(애정을?) 과시했다. 그리고 해리엇의 남편이 병으로 세상을 떠난 뒤 둘은 결혼식을 올리고 부부가 되었다. 부부가 된 이후에도 둘은 서로를 끊임없이 독려하며 서로의 재능과 가능성을 더욱 북돋워 주었다. 밀의 유명한 저서인 《자유론》 또한 두 사람이 결혼 후에 로마를 여행하면서 구상한 것이라고 한다. 안타깝게도 둘의 결혼 생활은 패혈증으로 인한 해리엇의 갑작스러운 죽음으로 7년 만에 끝났지만 밀은 마음을 추스르고 집필에 몰두하여 해리엇과 함께 구상한 《여성의 종속》을 출간한다. 지금도 이 책은 여성주의 철학의 고전으로 손꼽힌다.

사람을 만난다는 것, 사람을 만나 사랑을 하고 결혼을 한다는 것은 도대체 어떤 의미일까? 외로워서? 나이가 차서? 상대의 조건이 좋아서? 부모가 원해서? 사회 통념이 그래서?

결혼은 서로가 독립적으로 설 수 있을 때 하는 것이라는 말이 있다. 한쪽이 한쪽에 기대는 관계가 아닌, 서로가 독립적으로 자신을 세우고 상대를 독려할 수 있는 관계, 밀과 해리엇처럼 자신을 채우고 키워 줄 수 있는 사람을 찾았다면 그게 누구든 어떤 지위에 있는 사람이든 상관하지 말고 과감하게 한번 대시해 보는 것은 어떨까? 그런 게 바로 젊음의 발칙함 아닐까. 그와 연애만 하든 결혼을 하든 그건 지금 고민하지 말고!

281

결혼에 관한
소소한 에피소드들

에피소드 하나

알과 베티는 둘 다 83살로 60년이나 같이 해로한 부부이다. 비록 부와는 거리가 멀지만 동전 한 푼까지 아끼며 잘 지내왔고, 둘 다 모두 아주 건강한 편인데 이는 모두 베티가 건강식을 고집해 온 덕분이었다.

그런데 그들이 65회 고등학교 동창회에 가는 도중 비행기가 추락하는 사고가 생겼고, 그들은 동창회가 아닌 천국엘 가게 되었다. 진주 문 앞에서 성 베드로가 그들을 맞이했고, 아름다운 저택으로 안내했다. 그 저택은 황금과 비단으로 장식되었고, 냉장고는 음식으로 꽉 차 있었으며, 욕실에는 폭포까지 구비되어 있었다. 하녀가 그들이 좋아하는 옷을 옷장에 걸고 있는 모습도 보였다. 성 베드로가 "천국에 오신 걸 환영합니다. 자, 이제부터는 이곳이 그대들 집입니다. 그대들을 위한 보상이지요"라고 말했을 때, 두 사람은 너무나 놀라 제대로 말을 할 수가 없었다. 창문 밖에는 알이 이제껏 본 중에 가장 아름다운 챔피언십 골프 코스가 펼쳐져 있었다. 성 베드로는 그들을 클럽하우스로 안내했고, 그들은 아주 호사스런 뷔페가 차려져 있는 것을 보았다. 바닷가재 테르미도르에서부터 필레미뇽, 그리고 크림 디저트까지 그야말로 상상할 수 있는 모든 멋진 음식들로 이루어진 진수성찬이었다. 알은 초조하게 베티를 힐끗대며 성 베드로에게 물었다.

"저지방, 저콜레스테롤 음식은 어디 있습니까?"

성 베드로는, "아, 바로 그것이 이곳의 장점이지요. 당신이 원하는 것은 무엇이든 원하는 만큼 다 드실 수 있습니다. 그래도 절대 살찌거나 탈이 나지 않습니다. 여기는 바로 천국이니까"라고 대답했다.

"내 혈당이나 혈압을 잴 필요가 없다는 건가요?"

알이 끈질기게 물었다.

"절대로, 다시는! 여기서 당신이 할 일은 그저 즐기는 것입니다."

그러자 알이 베티를 노려보며 신음 소리를 냈다.

"당신과 당신의 그 멍청한 귀리 기울이라니! 우리는 10년 전에 이곳에 올 수도 있었을 텐데!"

에피소드 둘

밀리는 남편 모리스를 데리고 병원에 갔다. 모리스를 진찰한 의사가 밀리를 조용한 방으로 불러 이렇게 말했다.

"부인, 모리스는 극도의 스트레스로 인한 심각한 질병으로 고통받고 있습니다. 제가 이르는 대로 하지 않으면 남편께서 돌아가시게 될 겁니다. 매일 아침 남편에게 키스하며 부드럽게 깨우신 다음, 건강식으로 아침을 들게 하세요. 언제나 즐겁게 지내시고 남편의 기분이 좋도록 항상 챙기세요. 그가 좋아하는 것만 들도록 식사를 준비하시고, 식사 뒤에는 휴식을 취하게 해 주세요. 집안 허드렛일 같은 건 아예 시키지도 마시고, 부인의 문제는 남편과 상의하지도 마세요. 그랬다간 남편의 스트레스만 악화

될 겁니다. 남편께서 부인을 비난하거나 놀리시더라도 절대 다투지 마십시오. 저녁에는 마사지를 해 주시고 느긋하게 쉴 수 있도록 해 주십시오. 부인이 좋아하는 TV프로그램을 못 보게 되더라도, 남편이 보고 싶어 하는 모든 스포츠 프로그램을 시청할 수 있도록 해 주세요. 그리고 특히 중요한 것은 저녁 식사 후, 매일 저녁, 남편이 어떤 변덕을 부리더라도 맞춰 주세요. 부인께서 향후 6개월 동안 매일 이렇게 할 수 있다면, 모리스는 건강을 완전히 회복할 겁니다."

집으로 돌아오는 길에 모리스가 밀리에게 "의사가 뭐라고 했어?"라고 묻자 밀리가 대답했다. "당신 죽을 거래."

에피소드 셋

회사에서 슈퍼볼 경기 입장권을 얻은 조가 막상 경기장에 가 보니, 그의 좌석은 경기장 구석의 맨 마지막 줄이었다. 첫 쿼터가 반쯤 진행되었을 때 조는 쌍안경으로 구장에서 열 번째 줄, 즉

50야드 선이 있는 곳에 한 자리가 비어 있는 것을 발견했다. 빈 자리로 간 그는 자리에 앉으면서 옆 자리의 사내에게 "실례지만, 여기 좌석 임자가 있나요?"라고 물었다. 그러자 사내는 "아니요"라고 대답했다.

그러자 조는 "정말 믿을 수가 없군요! 제정신인 사람이라면 슈퍼볼 경기에서 이런 자리를 비우지 않죠!"라고 말했다.

그러자 사내는 "저, 사실은, 제 자리인데요. 원래 아내와 같이 오기로 되어 있었는데 그만 아내가 세상을 떴습니다. 이 경기는 1967년 결혼한 이래로 우리가 같이 관람하지 못하는 최초의 슈퍼볼 경기입니다"라고 말했다.

"아, 정말 슬픈 일이군요. 대신 올 사람을 찾지 못하셨나요? 친구라든가 아니면 가까운 친척이라도?" 조가 말했다. 그러자 그 사내가 말하길, "네. 다들 장례식에 참석하고 있거든요."

에피소드 넷

잭의 장례식이 우드론 공동묘지에서 거행되었다. 그와 40년 이상을 해로한 아내 제니퍼는 눈물을 글썽거렸다. 장례식이 끝나고 관이 나가려는데 관을 운반하는 손수레가 문턱에 걸리는 불상사가 일어났다. 그런데 바로 그때 경악스럽게도 관 안에서 아주 희미한 신음 소리가 들려왔다. 모두가 급히 관을 열어 보니 잭이 살아 있었다. 귀신도 놀랄 일이 아닌가. 기적이 있다면 바로 이런 게 기적이었다.

그 뒤 제니와 잭은 십 년 동안을 더 해로한 뒤 마침내 잭이 눈을 감았다. 장례식은 예전처럼 다시 우드론에서 거행됐다. 장례식이 끝나고 손수레 위에 올려진 관이 밖으로 나갈 때였다. 제니가 다급히 소리치길, "그 문턱 조심해요!"*

에이브러햄 링컨은 결혼식이 거행되는 중에 "나는 지금 지옥으로 가고 있다"고 말했단다. 알면서도 그는 결국 지옥행을 택한 것으로 보인다. 그런가 하면 (지옥과 같은) 결혼임에도 불구하고 결혼을 한 사람이 안 한 사람보다 조금 더 행복하고 조금 더 건강하다는 조사 결과도 있다. 물론 그 반대의 결과도 늘 있어 왔다.

※ 토머스 캐스카트 외, 《시끌벅적한 철학자들 죽음을 요리하다》(함께읽는책, 2009.)에서 발췌.

287

취업난, 불안정한 일자리, 평생을 일해도 따라잡지 못하는 집값…… 2011년 한 매체에서 처음 사용한 신조어인 '삼포세대'라는 말이 이제는 사회적으로 확산되어 버젓이 시사용어라고 불리게 된 시대. 삼포에 더해 꿈과 희망마저 포기한 세대에게 결혼은 정말 사치에 불과한 것일까?

흔히 결혼은 집안과 집안의 만남, 관계와 관계의 연장이라고들 한다. **둘이 사랑해서 하는 결혼인데 왜 얼굴도 모르고 살아온 상대의 부모와 형제자매, 사돈에 팔촌까지 가족이란 이름으로, 관심이란 이름으로 두 사람을 옥죄는가.** 결혼을 포기한 청춘남녀나 결혼을 앞둔 예비부부들! 결혼은 다 큰 어른 둘의 일일 뿐이다. 결혼을 하든 안 하든 그건 선택이지만 그 선택에 두 사람 외의 의견은 과감히 무시하자! 그리고 마음껏 사랑하자!

위의 에피소드들은 그저 웃자고 한 얘기지만, 이런 관계들이면 또 어떤가? 오래 함께 살면 친구도 되고 원수도 되는 게 부부다. 무거운 고민 다 집어치우고 시트콤처럼 저렇게 함께 늙어 가도 재밌지 않을까. 하지만 밀이 그랬던 것처럼 "내 생애의 영광이며 으뜸가는 축복, 나에게 하나의 종교이고, 가치의 근본이며, 내

생활을 이끌어가는 표준과도 같은 사람"을 만난다면, 앞뒤 가리
지 말고 무조건 불잡자!

해리엇 테일러
Taylor, Harriet

영국의 공리주의자 존 스튜어트 밀의 부인이었으며 유명한 여성 운동가이자 여류 작가였던 해리엇 하디^{Harriet Hardy}는 1807년 런던에서 태어났다.

1825년 해리엇은 자신보다 11살 많은 사업가 존 테일러(John Taylor, 1796~1849)와 결혼한다. 존은 자유주의적 유니테리언^{Unitarian}이었다. 유니테리언은 그리스도교의 전통 교리인 삼위일체 이론을 반대하여 그리스도의 신성은 부정하고 오직 하느님의 신성만 인정하는 그리스도교의 한 분파다. 루터의 종교개혁 이후 이탈리아를 중심으로 발달한 유니테리언은 유럽 여러 나라로 퍼져나갔지만 정통 로마 가톨릭과 개신교로부터 탄압의 대상이었다. 영국에서는 18세기 이후부터 성공회를 믿지 않는 사람들 사이에 널리 퍼졌다. 유럽 여러 나라에서 유니테리언에 대한 탄압이 심해지자 영국으로 건너가 숨거나 암암리에 활동했다.

　존과 해리엇은 유럽에서 피신해 온 유니테리언을 숨겨 주고 살 수 있는 터전을 마련해 주는 일을 하고 있었다. 두 사람은 단란한 가정을 이루었지만, 철학과 문학에 관심이 많았던 해리엇과 사업에만 열중하던 존 사이에는 알 수 없는 거리가 있었던 것으로 보인다. 그즈음 해리엇은 유니테리언 목사 폭스를 통해 존 스튜어트 밀을 만나게 된다.

　보수적인 사고방식을 갖고 있던 영국 사람들 눈에는 곱지 않게 보였겠지만, 오히려 존 테일러는 매일 저녁 식사에 다른 손님들과 함께 밀을 초대하여 자연스럽게 부인과 어울릴 수 있도록 해 주었다.

　해리엇과 밀은 자연스럽게 두 사람의 관심사인 자유와 여성해

방 등의 주제로 토론하면서 정신적인 사랑을 나누었고, 1849년 암에 걸린 존 테일러가 죽고 2년 후 부부의 연을 맺게 된다. 밀은 자신의 업적 대부분이 해리엇의 도움이 아니었다면 불가능했을 것이라고 말한다. 뿐만 아니라 자신의 많은 저서들도 해리엇과 함께 논의하고 저술했다고 전한다. 해리엇은 《참정권 *The Enfranchisement of Women*》이라는 한 권의 저서를 남겼다.

《자유론》 헌정사

나는 이 책을 친구이며 아내였던 여인에게 사랑과 애처로운 추억을 가득 담아 바친다. 그 여인은 이 책 중에서 가장 중요하고 훌륭한 부분을 서술할 수 있는 영감을 나에게 주었기 때문에 이 책의 공동 저자이기도 하다. 진리와 정의에 대한 그녀의 숭고한 감각은 나에게 가장 큰 자극을 주었다. 그 여인이 동의해 준 것은 나에게 가장 중요한 보상이었다. 내가 오랫동안 쓴 모든 글과 마찬가지로 이 책도 그녀와 나의 공동 저서이다. 그러나 이 책은 안타깝게도 그녀의 고귀한 교정의 혜택을 충분히 받지 못한 채 출판되었다. 나는 이 책의 가장 중요한 부분을 그녀가 주의 깊게 재검토하고 교정해 줄 것을 바라며 미루어 두었는데, 이제는 더 이상 그럴 수가 없게 되었다. 만일 내가 그녀와 함께 묻힌 그녀의 위대한 사상과 고귀한 감정을 반만이라도 이 세상에 전할 수 있다면 나는 이 세상에 보다 큰 이익을 전달할 수 있을 것이다. 그 이익은 어떤 무엇과도 비교할 수 없는 그녀의 격려와 혜택 없이 쓰인 어떤 책보다도 더 클 것이다.

_《자유론》, 존 스튜어트 밀, 1859.

14

모든 사랑은 소중하다

&

아리스토파네스

여자와 동침하면
육체를 낳지만,
남자와 동침하면
마음의 생명을 낳는다.

_플라톤

동성애를 보는
아주아주 먼
옛날 사람들의 시각

태양에서 태어난 남자와 남자가 결합된 남성

땅에서 태어난 여자와 여자가 결합된 여성

달에서 태어난 남자와 여자가 결합된 남녀성

    고대 그리스의 유명한 희극 작가 아리스토파네스는 〈구름〉이라는 그의 희극 작품에서 소크라테스와 그의 친구 카이레폰을 궤변론자로 등장시켜 그들이 아테네 사람들을 골탕 먹이는 이야기를 들려준다. 바로 이 아리스토파네스가 플라톤의 대화편 중 하나인 《향연》에서 인간의 성은 모두 세 종류가 있다고 주장하며 대화에 참여한 사람들의 웃음을 자아내었다.

& 아리스토파네스

일반적으로 우리는 고대 그리스 철학자 대부분이 동성애자였다고 알고 있다. 아마 철학자뿐 아니라 대다수의 고대 그리스 남자들은 동성애를 즐겼던 것 같다. 당시에는 성적 기호에 윤리나 도덕과 같은 잣대를 들이대지 않기에 동성애를 좋은 것 혹은 나쁜 것이라는 가치 판단의 대상이 아닌 인간이 즐길 수 있는 성적 기호 중 하나일 뿐이라고 생각했던 것이다. 자신들의 감정에 솔직했던 고대 그리스 사람들은 자신의 기호에 맞는 성을 즐겼고 성 자체를 아름답고 선한 것이라고 생각했다. **특히 여자보다는 남자가 더 아름답다고 생각했던 고대 그리스인들에게 이성 간의 사랑보다는 동성 간, 특히 남성 간의 동성애가 최고의 선으로 여겨졌던 것이다.**

이러한 동성애에 대해 처음으로 윤리적인 잣대를 들이댄 사람이 바로 소크라테스였다. 플라톤은 자신의 저서 《향연》에서 소크라테스의 입을 빌려 동성애에 관한 이야기를 하고 있는데 여기서 아리스토파네스는 당시 그리스 사람들이 동성애를 즐긴 것은 성적 기호나 윤리적인 이유가 아닌 인간이 처음 만들어졌을 때의 모습 때문이라고 말하고 있다.

남자와 남자가 합쳐진 남성은 태양에서 태어났으며, 여자와 여자가 합쳐진 여성은 대지에서, 그리고 남자와 여자가 합쳐진 남녀성은 달에서 태어났습니다. 이렇게 사람의 처음 모습은 오늘날 우리의 모습과는 전혀 다르게 두 사람이 한 사람으로 합쳐져 있었습니다.

두 사람이 합쳐져 있었기 때문에 이들은 팔과 다리가 각각 넷이었습니다. 머리는 하나였지만 좌우로 같은 얼굴이 둘 있었습니다. 이들의 몸은 둥글었기 때문에 네 개의 다리로 아주 빨리 달릴 수 있었으며, 네 개의 팔로는 무거운 것도 쉽게 들 수 있을 만큼 힘이 좋았습니다. 힘이 좋은 이들은 거인족 뿐 아니라 신도 공격하였습니다.

두려움에 떨던 신들은 결국 이들의 힘을 약하게 하기 위해서 한 사람을 둘로 나누기로 결정하였습니다. 이들을 나누면 사람의 수는 증가하지만 힘은 약해질 것이었습니다. 사람 수가 많아지면 신을 공경하는 사람의 수가 늘어날 것이며, 힘이 약해진 사람들 덕에 신들은 편안한 생활을 할 수 있으니 일거양득이었습니다. 신이 이들을 반으로 자르고 각각의 사람으로 만들어 살게 하자 이들은 다른 반쪽을 그리워하면서도 언젠가 다시 만나 한

& **아리스토파네스**

몸처럼 살 수 있다는 기대감으로 열심히 살았습니다.

사랑이란 이렇게 반쪽으로 나누어진 자신의 나머지 몸을 찾아 한 몸으로 만들어 인간의 본래 모습을 회복하려는 것입니다. 남성은 자신의 반쪽인 남자를 찾고, 여성 역시 자신의 반쪽인 여자를 찾습니다. 바로 여기서 동성애라는 말이 나왔습니다. 반면 남녀성은 각각 자신의 다른 성을 찾아 남녀 간의 사랑을 나누는 것입니다. 사랑이란 이렇게 옛날에 잃어버린 자신의 반쪽을 찾아 하나의 완전한 몸이 되려는 욕망입니다.[*]

이상은 희극 시인 아리스토파네스가 술에 취해 즐겁게 떠들어댄(!) 소리에 불과할지 모르지만, 플라톤의 《향연》에서는 아리스토파네스와 소크라테스 등을 비롯한 대부분의 남자들이 남성 간의 동성애를 당연하게 받아들이고 있다. 거기에 더해 동성애만이 인간의 고귀한 정신적 쾌락을 만족시켜 줄 수 있다고 믿기까지 한다. 사실 이는 당시의 시대적 배경들과 무관치 않다. 남자들만이 공적인 사회생활을 할 수 있었고 지적인 대화를 나눌 상대도 당연히 남자들뿐이었으

---

[*] 서정욱, 《철학의 고전들》(함께읽는책, 2009.)에서 발췌.

니, 사랑도 말이 통하고 정신적인 교류가 가능해야 더 깊어지는 법, 당연히 남자들 간의 동성애는 자연스러운 것이었으리라. 너무 멀리 갔지만 사실 동성애는 동서고금을 막론하고 세계의 거의 모든 문화사에서 존재해 왔다. 그렇다면 이제 와서 동성애가 돌팔매를 맞는 이유는 무엇일까? 동성애에 돌팔매를 던지는 사람 중 누구 그 이유 좀 설명해 줄 사람?

301

누구라도 사랑하라

"내가 알렉산드로스가 아니었다면, 나는
디오게네스가 되었을 것이다."

마케도니아의 알렉산드로스 대왕과 견유학파[※] 철학자인 디오
게네스의 '일조권' 관련 일화는 유명하다.

디오게네스가 70살이 다 되었을 때 이제 갓 20살이 된 알렉산
드로스가 왕위에 올랐다. 수많은 정치가와 철학자가 왕을 알현하
며 축하 인사를 전했는데 디오게네스만은 보이지 않았다. 호기심
이 생긴 알렉산드로스는 이 당돌한 철학자의 얼굴이나 보자는 마
음으로 직접 그를 찾아갔다. 마침 너무나 편안한 차림으로 낮잠을

※ 고대 그리스의 한 학파로 키니코스^{Cynicos} 학파라고도 불린다. 이들은 행복이란 외적인 조
건에 좌우되는 것이 아니라고 생각했으며 본성에 따라 자연스럽게 사는 것을 이상으로 삼
았다. 일체의 사회적 관습을 무시하고 세상에 냉소적이었다.

즐기고 있던 디오게네스를 발견한 알렉산드로스는 그에게 인사를 건넨 뒤 자신에게 혹 바라는 것이 있느냐고 물었다. 그러자 이 시크한 철학자 왈, "조금만 옆으로 비켜 서 주시겠소? 당신이 해를 가리고 있소."

디오게네스의 이 한마디에 알렉산드로스는 무슨 생각을 했을까? 왕이 찾아와 소원을 묻는데 따뜻한 햇볕 아래에서 잘 수 있게 옆으로 조금만 비켜 서 달라고 얘기할 수 있는 사람이 과연 몇이나 될까?

돌아가는 길에 왕의 수행원 하나가 견유학파를 조롱하는 말을 하자 알렉산드로스는 그를 제지하며, 자신이 알렉산드로스가 아니었다면 디오게네스가 되었을 것이라고 말한다. 둘의 이야기는 여기서 끝나지 않는데, 디오게네스를 다시 찾은 알렉산드로스가 역시 낮잠을 자고 있던 디오게네스를 발로 툭툭 차며 "일어나시오. 당신이 사는 이 도시는 방금 내가 접수했소"라고 하자 디오게네스가 말하길, "도시를 정복하는 일이야 왕이 할 수 있는 일이지만 사람을 발로 걸어차는 짓은 당나귀에게나 어울리는 짓이지."

자신이 무섭지 않느냐고 묻는 알렉산드로스에게 당신은 선한 자인가 악한 자인가 되묻는 디오게네스. 자신은 선한 자라고 답하는 알렉산드로스에게 디오게네스가 말하길, "누가 선한 자를 두려워하겠소?"

디오게네스는 욕심도 없고, 원하는 것도 없고, 갖고 싶은 것도 없었던 그런 철학자였다. 알렉산드로스는 바로 이 철학자에 반하는 여린 마음을 갖고 있었다. 물론 모두가 알다시피 알렉산드로스 왕이 이렇게 여린 마음만 갖고 있었던 것은 아니다.

마케도니아의 필립포스 2세와 올림피아스 사이에서 태어난 알렉산드로스는 일찌감치 후계자로 지명되어 13살 때부터 아리스토텔레스로부터 철학을 배웠고, 16살부터는 군사 교육을 받았다. 그의 용맹함과 잔인함은 당시 그리스 도시 국가에서는 공포 그 자체였다. 알렉산드로스의 나이 18세에 발칸 반도 동쪽에 위치한 트라키아족과 전투를 하였는데 이 전투에서 알렉산드로스가 전사했다는 소문이 돌자 그리스 도시 국가들에서는 기쁨의 환호성이 울려 퍼졌다. 그중에서도 특히 그의 죽음을 기뻐했던 테베는 도시 전체가 축제 분위기에 빠져 있었다. 그러나 트라키아와의 전쟁에서 대승을 거둔 알렉산드로스는 바로 말머리를 돌려 테베를 공격했고 결국 잔인무도하게 테베를 초토화시켰다. 알렉산드로스가 테베를 공격할 때, 끝까지 테베를 지킨 부대가 바로 테베의 동성 부대, '신성부대神聖部隊'였다.

신성부대의 병사는 모두 동성애자로 연인 150쌍, 즉 300명으로 이루어졌고, 테베군의 돌격대 역할을 하였다. 이들은 스파르타군에 대항해 승리를 거두며 테베의 전성기를 이끈 최고의 부대였다. 물론 알렉산드로스 부대를 맞아 끝까지 싸우다 부대원 대다수가 죽고 결국 전쟁에서는 패했지만 그들의 용맹함을 높이 산 필립포스 2세는 그들의 희생정신을 기리는 사자상 건립을 허가했다고 한다.

《플루타르코스 영웅전》에 의하면 테베의 장수 고르기아스는 "부족과 가족으로 편성된 기존의 부대가 아닌 사랑의 힘으로 편성된 군대를 만들면 좋겠다"고 생각했고, 그 발상에 따라 연인들로만 구성된 신성부대가 만들어졌다고 한다. 연인들이 전쟁에 나선다면 서로에게 비겁한 모습을 보이기 싫어 더 용맹하게 싸울 테고, 연인이 위험에 빠지면 목숨을 걸고 지키려 할 것이라는 게 그의 생각이었던 것이다. 그리고 그 생각은 적중했다.

고르기아스는 신성부대를 창설하면서 여자와 남자가 잠자리를 하면 새로운 육신을 낳지만, 남자와 남자가 동침을 하면 마음의 생명을 낳는다고 말했고 알렉산드로스 자신도 동성애를 즐긴 것으로 알려져 있다. 또한 플라톤은 《향연》에서 **"연인으로만 이루어진 국가나 군대를 만들 수 있다면 그보다 더 좋은 건 없을 것이다. 모든 병사들이 연인과 함께 싸운다면 세계를 정복할 수 있을 것"**이라고 말하고 있다.

고대 그리스뿐 아니라 과거 우리나라에서도 동성애는 특이한 일이 아니었다. 신라 시대 화랑들은 외모가 단정하고 학식이 높은 문벌가의 자제들로 함께 생활하며 심신을 수련하였으니 그들 사이의 동성애적 성향에 관한 사료들도 존재한다. 또 고려 시대 공민왕은 노국공주가 죽은 뒤 잘생긴 청년들로 근위대를 만들어 늘 곁에 두고 총애하며 시중을 들게 하였다고도 한다.

동성애를 금기시하고 정상이 아니라고 생각하는 인식은 어디에도 근거가 없는 성적 박해일 뿐이다. 동성애에 대한 박해가 기독교의 확산에 따른 것이라는 역사학자들의 주장도 있는데 과거 아메리카 대륙을 침략한 스페인 군대는 많은 원주민들이 자연스럽게 동성애 관계를 맺는 것을 보고 동성애자들을 탄압하여 공개처형하거나 개에게 먹이로 던져 주는 등 끔찍한 짓을 서슴지 않았다고 한다.

오늘날 우리는 동성애의 원인을 정신분석이론, 학습이론, 유전적인 원인, 성적 격리설, 혹은 사회적인 환경 등으로 나누어 그들을 이해하기 위해 노력하고 있다. 뿐만 아니라 세계 여러 나라에서는 동성 간의 결혼을 법적으로 인정하기도 하고 입양도 허용하고 있다. 하지만 아직도 동성애자들이 설 곳이 없는 국가나 사회가 더 많은 것이 사실이다. 어느 나라나 할 것 없이 동성애자는 소수이다. 정치적 소수나 인종적 소수, 종교적 소수라는 이유로 인간이 다른 인간 집단에게 배척당해서는 안 되듯이 동성애자도 마찬가지다. 그들을 존중하고 그들의 성을 존중하고 그들의 삶을 존중해야 한다. 그래야 그들로부터 우리의 삶과 성도 존중 받을 것이기 때문이다. 중요한 건 우리가 사랑하는 대상이 누구인가가 아니라 우리가 누군가를 사랑할 수 있는 마음을 가지고 있는가가 아닐까. 끝으로 《향연》에서 소크라테스가 한 말로 마무리를 하면 좋을 것 같다.

마지막 사랑의 단계는 아름다움 자체를 이해하는 것입니다. 페

& **아리스토파네스**

니아가 그렇게 했듯이 지금까지 바라고 원했던 모든 것이 아름다움 자체에 있다는 것을 알게 되는 것입니다. 아름다움 자체는 영구적이며 변하지 않고, 사라지지 않으며, 늘어나지도 줄어들지도 않습니다. 뿐만 아니라 아름다움 자체는 장소와 시간에 관계없이 항상 그대로입니다. 어떤 방향으로 보아도 아름다움 자체는 변하지 않습니다. 하지만 이 아름다움 자체는 사람의 눈으로 볼 수 없으며, 마음의 눈으로만 볼 수 있습니다. 그렇기 때문에 이 아름다움 자체를 본 사람은 다른 어떤 아름다움이나 사랑을 원하지 않고, 오직 그 아름다움 자체만을 원하는 행복한 사람이 됩니다.

여러분들, 사랑이란 스스로에게서 부족한 것을 원하고, 그것을 찾아 영원히 간직하고 싶은 것입니다. 결국 아름다움 자체를 원하고 간직하고 싶은 것이지요. 하지만 사람의 본성은 이것을 쉽게 받아들이려하지 않습니다. 그렇기 때문에 더더욱 에로스는 아주 귀중한 것이지요. 그래서 저는 여러분 모두가 이 에로스의 위력과 용기를 찬미하고 귀하게 생각해 주기를 바랍니다.

아리스토파네스
Aristophanes

아리스토파네스는 우리가 잘 알고 있는 것처럼 고대 그리스 아테네의 대표적인 희극 작가이다. 하지만 그의 명성에 비해 생애에 대해서는 알려진 것이 그렇게 많지 않다. 출생년도도 분명하지 않지만 BC450년~444년 사이에 아테네에서 태어난 것으로 추측된다. 아리스토파네스는 BC430년부터 428년까지 희극 작가가 되기 위한 수업을 받은 것으로 알려져 있다.

아테네에서는 매년 연극 경연대회를 개최하고 입상작을 중심으로 매일 같이 디오니소스 야외 광장에서 상연도 하였는데, 고대

그리스 아테네의 연극 상연에 관한 기록 문서에 BC427년 아리스토파네스 연극이 상연된 것으로 보아 그는 작가 수업을 받은 다음 해인 BC427년 처음으로 연극 경연에 참가한 것으로 보인다. 작품의 수준과 내용으로 볼 때 아리스토파네스는 작가 수업 외에도 당시 아테네 시민들이 받은 일반적인 교육을 받은 것으로 보인다.

아리스토파네스가 활동한 시기는 주로 펠로폰네소스전쟁 기간이다. 아테네와 스파르타의 전쟁은 아테네 시민들에게는 큰 고통이었을 것이다. 아리스토파네스는 전쟁의 공포 속에서 고통 받는 시민을 위해 작품을 구상하고 발표했다. BC423년 아리스토파네스는《구름》을 출품하여 3등에 입상했는데 그는 이 성적이 마음에 들지 않았던 것 같다. 지금 전해지고 있는 것이 원본이 아닌 5년 후 다시 쓴 작품이기 때문이다. 이 작품 속에서 아리스토파네스는 소크라테스를 천하의 망나니 소피스트로 풍자하고 있다. 지식인들이나 소크라테스를 따르는 친구, 제자 들은 화가 날지 모르지만 전쟁에 고통 받던 아테네 시민들에게는 한바탕 웃을 수 있는 좋은 볼거리였다.

전쟁을 풍자한 그의 최고의 작품은 BC414년 레나이아 축제에 참가했지만 입상은 하지 못한 작품 《뤼시스트라테》이다. 지긋지긋한 전쟁을 끝내기 위해서 고대 그리스 지방의 여자 대표들이 모여 머리를 맞댔다. 전쟁을 끝낼 수 있다는 데 싫어할 여자가 어디 있겠는가. 그런데 그 방법이 기상천외하다. 남편과의 잠자리를 거부하라는 것. 처음에는 긴가민가하던 여자 대표들도 뤼시스트라테의 설득에 모두 넘어가고 할머니들까지 가세하면서 결국 전쟁을 끝낸다는 풍자극이다. 남자의 약점을 꼬집는 아리스토파네스만의 기발한 아이디어다. 이런 아리스토파네스의 희극에 아테네 시민들은 열광했다.

아리스토파네스의 사망 시기는 정확하지 않다. 아리스토파네스가 플라톤의 대화록 《향연》에 등장해 멋진 입담으로 좌중을 웃게 했고, 《향연》이 편집된 시기가 BC380년으로 기록되어 있으니 아마도 이 시기쯤 사망하지 않았을까 추측한다. 당시 아리스토파네스가 남긴 44편의 작품 중 경연에서 입상한 작품만 11편에 달한다고 하니 아리스토파네스의 인기가 얼마나 높았는지 짐작할 수 있다.

정치가 힘들면 작가가 무엇으로 시민을 위로해야 하는지 잘 알았던 아리스토파네스. 30년 전쟁을 지켜보면서 아리스토파네스는 전쟁과 정치적 내분이 시민들에게 얼마나 큰 고통과 불행을 주는지 너무나 잘 알고 있었던 것 같다. 그래서 아리스토파네스는 춤과 술이 있는 축제로도 풀 수 없었던 시민들의 가슴에 맺힌 응어리를 풍자와 해학이 담긴 글로 풀어 주려 했던 것이리라.

플라톤 《향연》 중에서

소크라테스의 '사랑'

소크라테스   그리스의 신들은 모두 행복하고 아름답습니다. 행복하고 아름답기 때문에 신들은 부족한 것이 없습니다. 하지만 에로스는 바라는 것이 있습니다. 바라는 것이 있다는 것은 에로스가 완전히 행복하지도 아름답지도 않다는 뜻입니다. 그렇다면 에로스는 결코 신이 될 수 없습니다. 그리고 에로스는 신이 아니기 때문에 죽을 수도 있습니다. 죽을 수 있는 에로스는 비록 신이지만 신과 인간의 중간자와 같습니다. 그래서 에로스는 인간의 생각을 신에게 전해 주고, 신의 말을 인간에게 통역해 주기도 합니다.

물론 에로스와 같이 죽을 수 있는 신은 아주 많습니다. 그중에서 내가 믿고 있는 다이몬도 역시 에로스와 같은 신 중 하나입니다. 에로스가 이런 운명을 갖고 태어난 것은 다음과 같은 이유 때문입니다.

제우스는 아프로디테가 태어나자 올림포스 산에 있는 자신의 신전에서 축하연을 마련했는데 이 자리에는 풍요의 신인 포로스도 초대되었지요. 그런데 많은 음식을 먹고 많은 양의 술을 마신 포로스는 더 이상 무거운 몸을 주체하지 못하고 그만 제우스 신전 정원에서 잠이 들고 맙니다.

반면 빈곤의 여신이었던 페니아는 축하연을 망친다는 이유로 초대받지 못했습니다. 배고픔과 추위에 떨던 페니아는 너무나 편안하게 잠들어 있는 포로스를 발견하고 자식을 하나 얻으려고 그 곁에 나란히 누워 사랑을 나눕니다. 이렇게 풍요의 신 포로스와 빈곤의 여신 페니아가 결합하여 낳은 신이 바로 에로스이지요. 그리고 이 에로스는 아프로디테를 좋아하고 추종하여 항상 따라다녔던 것입니다.

& 아리스토파네스

313

"이 에로스에 관한 신화는 처음 듣는데?"

"이런 신화가 있었나?"

"나도 처음 들었습니다. 다시 한 번 말씀드리자면, 이것은 신화가 아니라 디오티마가 한 이야기를 소크라테스가 전해 준 것입니다."

소크라테스　이렇게 태어난 에로스는 아버지와 어머니의 모든 성품을 다 물려 받았습니다. 어머니의 성품을 물려받은 에로스는 무엇보다 항상 가난하고 궁핍합니다. 우리가 생각하는 것처럼 부드럽고 아름다운 것이 아니라 오히려 딱딱하고 거칠고, 신발도 없고 집도 없으며, 당연히 이부자리도 없어 항상 땅바닥에 누워 노숙자처럼 문간이나 길에서 잡니다.

반면 아버지를 닮은 에로스의 성품은 아름답고 선하고, 용감하고 저돌적이며, 정열적이고 힘센 사냥꾼입니다. 늘 지혜로워 하는 일마다 성공을 거두며, 놀라운 마술사이자 독약 조제자이고, 궤변가입니다.

아버지와 어머니의 이런 성품을 물려받은 에로스는 죽을 수도 있으며 죽지 않을 수도 있습니다. 뿐만 아니라 풍요롭게 꽃이 피다가도 금방 시들어 버리곤 합니다. 그는 궁핍하지도 않고 부유하지도 않습니다. 더 중요한 것은 에로스는 지혜와 무지의 중간이라는 것입니다.

무지한 사람은 아름답지도 선하지도 총명하지도 않으면서 스스로 만족합니다. 왜냐하면 무지한 사람은 자신에게 무엇이 부족한지조차 몰라 바라는 것이 없기 때문입니다.

에로스는 지혜로운 사람과 무지한 사람의 중간에 있기 때문에 스스로 지혜로운 자가 되기 위해 바라는 것이 있습니다. 가난한 페니아가 풍요로운 포로스를 갖고자 원했던 것처럼 에로스도 보다 좋은 것을 갖기 원합니다. 지식이나 지혜 같은 것 말입니다.

인간에게 좋은 것은 사랑이라고 간단하게 말할 수 있습니다. 이것을 다르게 말하면 인간은 좋은 것을 사랑한다고 할 수 있습니다. 그런데 인간은 그 사랑을 그냥 가지기만 하지 않고 영원히 가지기를 원합니다. 그렇다면 결국 사랑이란 에로스와 마찬가지로 좋은 것을 영원히 자기 자신의 것으로 가지기를 원하는

& 아리스토파네스

것입니다. 지혜나 지식도 마찬가지겠죠. 사람들은 지혜나 지식을 영원히 갖길 원하니까요.

"사랑이, 좋은 것을 영원히 갖고자 원하는 것이라면, 나의 반쪽은 좋은 것이고, 그것을 영원히 갖는 것이 바로 사랑이지 않은가?"

"맙소사, 당신 아직도 그 타령이야?"

"소크라테스 선생은 그렇게 말하지 않았겠지. 또 정신적 사랑이 이러쿵저러쿵 하지 않았겠나?"

"자네 말이 맞네. 바로 그렇게 얘기했을 테지."

취기가 적당히 오른 사람들은 아리스토데모스가 목을 축이는 사이 저마다 한마디씩 하느라 바빴다. 목을 축인 아리스토데모스는 소크라테스가 말한 네 단계의 사랑에 대해 다시 이야기를 시작했다.

소크라테스 사랑이란 자기 자신의 반쪽을 찾는 것이라고 아리스토파네스는 말했습니다. 자신의 반쪽이든 전체든 그것이 좋은 것이라면 그것을 찾아 영원히 자신의 것으로 갖는 것도 사랑이라고 할 수 있습니다. 하지만 그런 사랑보다도 더 좋은 것이 있습니다.

첫째는 물론 육체적인 사랑입니다. 육체는 눈으로 볼 수 있는 아름다움을 가졌기 때문입니다. 하지만 육체의 아름다움은 전체의 아름다움으로 볼 때 극히 적은 부분입니다. 육체의 아름다움보다 더 소중한 아름다움이 있습니다. 그것은 바로 정신적인 아름다움입니다. 정신적인 사랑이 바로 두 번째 사랑의 단계입니다. 어떤 사람이 육체보다 정신이 아름다우면 우리는 그 사람에게 만족하고 결혼하여 가정을 꾸려 나갑니다. 이런 아름다운 가정을 꾸민 사람은 육체의 아름다움이 아무것도 아님을 알게 되지요.

세 번째 사랑의 단계는 아름다움의 세계를 터득하는 것입니다. 처음 서로의 반쪽이니 전부이니 하면서 사람에게만 얽매였던 사랑에 대한 생각을 사람이 아닌 다른 쪽으로 넓혀나가는 것입니다. 즉, 한 사람이나 가정에 만족하지 않고 더 넓은 아름다움의 세계에 관한 지식을 터득하게 되는 것이죠.

마지막 사랑의 단계는 아름다움 자체를

이해하는 것입니다. 페니아가 그렇게 했 듯이 지금까지 바라고 원했던 모든 것이 아름다움 자체에 있다는 것을 알게 되는 것입니다. 아름다움 자체는 영구적이며 변하지 않고, 사라지지 않으며 늘어나지 도 줄어들지도 않습니다. 뿐만 아니라 아름다움 자체는 장소와 시간에 관계없이 항상 그대로입니다. 어떤 방향 으로 보아도 아름다움 자체는 변하지 않습니다. 하지만 이 아름 다움 자체는 사람의 눈으로 볼 수 없으며, 마음의 눈으로만 볼 수 있습니다. 그렇기 때문에 이 아름다움 자체를 본 사람은 다 른 어떤 아름다움이나 사랑을 원하지 않고, 오직 그 아름다움 자체만을 원하는 행복한 사람이 됩니다.

여러분, 사랑이란 나 자신에게 부족한 것 을 원하고, 그것을 찾아 영원히 간직하고 싶은 마음입니다. 결국 아름다움 자체를 원하고 간직하고 싶은 것이지요. 하지만 사람의 본성은 이것을 쉽게 받아들이려 하지 않습니다. 그렇기 때문에 더더욱 에로스는 아주 귀중한 것입니다. 그래서 저는 여러분 모두가 이 에로스의 위력과 용기를 찬미하고 귀하게 생각해 주기를 바랍니다.

_《철학의 고전들》, 서정욱, 함께읽는책, 2009.

& 아리스토파네스

15

내 편을 만들자

&

아리스토텔레스와 알렉산드로스,
로크와 메리 2세

내가 끄덕일 때
똑같이 끄덕이는 친구는
필요 없다.
그런 건
내 그림자가 더 잘한다.

_플루타르코스

서로에게
힘이 되는 사이

"이 매듭을 푸는 사람만이 아시아를 정복할 수 있다는 신탁이 있습니다."
"간단한 문제를 복잡하게 만들지 마라. 매듭을 잘라 버리면 될 것이다."

소아시아 중서부의 고대 국가 프리기아, 그곳의 수도는 고르디움이었다. 아시아 원정에 나선 알렉산드로스는 이곳에 이르러 '고르디우스의 매듭'에 대한 전설적인 이야기를 듣게 된다. 이 지역 사람들은 전차를 고정하기 위해서 복잡한 매듭법을 사용했는데, 그 매듭법이 너무나 복잡해 한번 묶으면 쉽게 풀 수가 없었다. 그런데 고르디우스 왕의 전차에 매달린 매듭을 아무도 풀지 못하자 위와 같은 이야기를 들은 알렉산드로스가 단칼에 매듭을 잘라

323

& 아리스토텔레스와 알렉산드로스, 로크와 메리 2세

버렸다고 한다. 그리고 사람들은 그가 아시아를 정복할 것이라는 데 의심을 품지 않았다.

22살 청년 알렉산드로스의 급한 성격과 지혜를 동시에 보여주는 이야기다. 바로 이 알렉산드로스를 가르친 사람이 고대 그리스의 유명한 철학자 아리스토텔레스다. 그의 아버지인 니코마코스는 마케도니아의 궁정에서 왕의 건강을 책임진 의사였는데 플라톤이 죽자 아테네를 떠나 온 아리스토텔레스는 아버지를 따라 마케도니아 궁정에 드나들기 시작했다. 그러면서 당시 왕이었던 필립포스 2세와 친하게 되었는데 필립포스 2세는 아리스토텔레스에게 그의 아들 알렉산드로스의 교육을 부탁했고, 그때 알렉산드로스의 나이 13세였다.

아리스토텔레스가 알렉산드로스를 가르친 기간은 3년 정도에 불과했다. 당시 후계자 문제와 전쟁 등으로 나라 안팎이 어수선했고, 알렉산드로스도 후계자 수업을 위해 원정군에 끼어 전투에 참여하는 날이 많았기 때문이다. 하지만 성격도 난폭하고 공부하기도 즐기지 않았던 알렉산드로스에게 정치학, 수학, 생물학 등을 가르치며 정성을 다한 아리스토텔레스 덕에 알렉산드로스는 왕이 된 후에도 학문에 대한 애정을 잃지 않았으며 스승이 주석을 달아 준 《일리아드》를 원정 길에 늘 머리맡에 두고 읽었다고 한다. 아마도 아리스토텔레스의 현실적이고 보수적인 정치관이 알렉산드로스가 훗날 분열된 그리스 세계를 통일하려고 마음먹는 데에도 큰 영향을 끼쳤을 것으로 보인다.

　여하간 아리스토텔레스는 알렉산드로스의 스승이라는 지위와 권력만큼은 마음껏 누렸던 것으로 보인다. 철학자로만 알려진 아리스토텔레스는 사실 철학뿐 아니라 동물학, 식물학, 광물학, 문학, 법학 등 모든 학문에 관심이 깊었는데 왕이 된 알렉산드로스가 동방 원정에 나서자 아리스토텔레스는 제자 덕을 톡톡히 보게 되었다. 알렉산드로스는 자신이 정복하는 나라의 모든 학문들을 분석하고 정리하여 아리스토텔레스에게 보내 주었고 이를 바탕으로 아리스토텔레스는 누구보다 발 빠르게 더 많은 학문을 연구하고 정리할 수 있었던 것이다. 또한 그는 제자가 아시아 전역에서 수집해 보내 준 동물, 식물, 혹은 광물의 견본으로 아테네에 박물관을 세우기도 하였다.

　아리스토텔레스와 알렉산드로스, 이 두 사람은 단순한 스승과

325

제자 사이가 아니었다. 이들은 친구이며 동지였고, 서로가 서로에게 든든한 후원자이며 또한 보호자였다. 언제나 든든한 동아줄처럼 살아가면서 서로에게 믿음직한 후원자가 되어 주고 서로를 응원해 줄 동지가 있다면 사는 게 얼마나 즐거울까.

"아리스토텔레스 선생님! 선생님의 아버지는 의사였고, 나의 아버지 필립포스 2세의 주치의였지 않습니까? 그런데 선생님은 왜 의사가 되지 않고 철학자가 되었습니까?"

"알렉산드로스야, 행복이 무엇인지 아느냐?"

"행복이요? 글쎄요……."

"너는 장차 마케도니아를 이끌어갈 왕이 되겠지?"

"아바마마가 돌아가시면 제가 왕위를 물려받겠죠."

"왕이 되면 전쟁터로도 가겠지?"

"필요에 따라서는 영토를 확장하기 위해 전쟁을 할 수밖에 없겠죠."

"전쟁터에서 어떻게 하면 네가 행복해질까?"

"그거야 당연히 승리를 하면 행복하겠죠."

"나의 아버지는 의사셨다. 환자를 돌보는 의사의 가장 큰 행복은 무엇일까?"

"환자가 건강해지는 것이겠지요."

"나는 참다운 행복이야말로 진정한 선이 될 수 있다고 생각한다."

"우리가 전쟁을 하는 이유는 이기는 것이고, 전쟁에서 이기면 명예와 부를 함께 얻을 수 있지 않습니까? 그렇다면 그것이 바로 행복이고 진정한 선이겠군요."

"알렉산드로스, 물론 너의 말도 옳다. 하지만 쾌락이니, 명예 혹은 부귀영화와 같은 것들은 외적 조건일 뿐 참다운 행복은 아니며, 진정한 선이라고도 할 수 없는 것이란다."

"아리스토텔레스 선생님, 그렇다면 참다운 행복, 진정한 선을 얻기 위해서는 무엇을 해야 합니까?"

"덕을 쌓아야 한단다."

"어떻게요?"※

327

※ 서정욱, 《철학의 고전들》(함께읽는책, 2009.)에서 발췌.

& **아리스토텔레스와 알렉산드로스, 로크와 메리 2세**

서로를 신뢰하는 사이

영국의 왕은 백성들의 권리와 자유를 인정하라.

영국의 왕위 계승은 영국 의회에서 정한 법에 따르라.

영국의 왕은 국회의 동의 없이 마음대로 법을 만들지 마라.

영국의 왕은 평화 시기에는 군대를 소집하지 마라.

오늘날 왕이 있는 대부분의 국가들은 입헌군주제를 시행하고 있다. 입헌군주제는 군주의 권력이 헌법에 의해 일정한 제약을 받는 정치 체제로 입헌군주제를 시행하는 국가들에는 국가의 체계, 권한, 혹은 의무 등을 명시하는 헌법이 존재한다. 그리고 이 헌법의 범위 안에서 세습 군주 또는 선임 군주도 존재한다. 그러나 군주는 통치권을 행사하지 않고 단지 헌법에 따라 의회나 내각에 위임하는 것이 일반적이다. 그래서 "군림은 하나 통치는 하지 않는다"는 말이 생겨난 것이다.

입헌군주제는 17세기 영국에서 맨 처음 확립되었는데, 많은 혁명을 경험하며 성장한 시민계급과 사회계약설 등의 영향으로 절대 군주를 타도하고 권력 분립을 성취해 근대 국가를 설립한 영국이 그 수많았던 혁명들 중에서도 가장 자랑스럽게 생각하는 명예혁명* 이후 어떤 정치 형태가 가장 좋은지 고민하고 고민한 끝에 완성시킨 것이 바로 입헌군주제였다.

명예혁명이 끝나고 영국에서는 네덜란드에 있던 왕의 큰 딸 메리 2세와 그녀의 남편 윌리엄 3세를 영국의 공동 통치자로 정하였고 이 둘은 권리장전을 지킬 것을 선서하고 왕위에 올랐으며 이후 영국은 입헌군주제 국가가 되었다. 성문헌법이 없는 영국에서 권리장전은 대헌장, 권리청원과 함께 국가 제도를 규정하는 중요한 의회제정법을 담고 있다. 바로 이 권리장전을 다듬고 완성하는 데 큰 공을 세운 철학자가 바로 존 로크다.

* 1688년에 피를 흘리지 않고 평화롭게 전제 왕정을 입헌군주제로 바꾸는 데 성공한 영국의 혁명이다. 제임스 2세의 대권 남용과 가톨릭 부흥 정책에 반대하여 국회가 국왕을 추방하고, 왕의 큰딸 메리 2세와 그녀의 남편 윌리엄 3세를 공동 통치자로 정하였으며, 1689년에 권리장전을 제정하고 입헌 왕정을 수립하였다.

1683년 영국 의회 야당 지도자들은 폭정과 독재 정치의 전형이자 명예혁명의 직접적인 원인이었던 찰스 2세의 암살 계획을 세웠다. 그 유명한 라이하우스 암살 사건이 바로 그것이다. 그러나 이 음모는 사전에 발각되어 많은 사람들이 처형당하거나 자살하였고, 이때 로크도 혐의를 벗지 못하고 네덜란드로 망명하였다. 네덜란드에서 로크가 얻은 한 가지 수확이 있다면 윌리엄과 메리를 만난 것이었다. 명예혁명이 일어나자 영국의 왕이었던 제임스 2세는 프랑스로 망명하였고, 영국 의회에서는 네덜란드에 있던 제임스 2세의 딸 메리 2세와 메리의 남편 윌리엄을 공동 통치자로 모셨는데 그들과 친분을 유지하던 로크 또한 두 사람과 함께 영국으로 돌아오게 되었다.

영국으로 돌아온 로크가 가장 먼저 한 일은 서민들의 편에 서서 그들의 권리를 보장해 주는 일이었다. 그렇게 완성된 것이 바로 권리장전이다. 권리장전에는 많은 조약이 있지만 특히 왕이 하지 말아야 할 것들에 대한 조항이 많으며, 세금, 선거의 자유, 언론의 자유 등에 대해서도 기록하고 있다. 영국 의회는 윌리엄과 메리에게 의회와 인민의 권리를 굳게 지킬 것을 약속받은 다음 그들을 왕위에 올렸다. 그리고 왕의 벗으로서 영국으로 돌아온 로크는 왕의 권리를 제한하고 서민들에게 더 많은 권리를 주기 위한 권리장전을 기초하고 완성하였다.

로크는 메리 2세의 신임을 얻고 도망치듯 떠난 영국으로 되돌아 올 수 있었다. 그러나 로크는 그런 것에 얽매이지 않았다. 로크는 왕이 아닌 서민의 편에 서서 그들이 더 많은 권리를 누리고 행복하게 살 수 있는 방법을 고민했다. 왜 영국이 그토록 많은 피를 흘려 왔는지, 왜 명예혁명이 일어났는지를 상기했고, 진정 왕의 편에 선다는 건 어떤 의미인지 고민했다. 정말로 왕을 사랑하고 존경한다면 무엇을 해야 할까.

왕이 사사로운 욕심과 권력을 휘두르다 성난 민심에 의해 참혹하게 죽는 것도 보았고, 그 자신 정치적 희생자가 되어 망명길에 오르는 경험도 하였다. 왕의 편에서 진정으로 왕을 위하는 길을 생각한 로크는 왕이 국가를 통치하지 않고 의회에 모든 것을 위임하는 것이야말로 왕이 백성으로부터 존경받고 사랑받는 길이라고 믿었을 것이다. 그래서 로크는 스스로 앞장서서 그 일을 하였다. 윌리엄과 메리 또한 자신들의 벗이자 인생의 나침반 같은 존재인 로크를 믿었기에 그가 제정한 법률을 따르기로 약속했을 것이다.

누군가로부터 신임을 받는다는 것, 혹은 누군가를 사랑하고 존경한다는 것은 바로 이런 것이 아닐까. 로크는 윌리엄과 메리를 너무나 사랑하고 존경했기에, 그들이 영국의 다른 왕들처럼 백성들로부터 지탄의 대상이 되거나 쫓겨나거나 사형당하는 일이 생겨서는 안 되겠다고 생각했던 것이다. 만일 윌리엄이나 메리의 안락한 권력 안에서 로크가 그대로 안주하며 그들의 입속 혀가 되어 살았다면 오늘날 영국은 어떻게 되었을까? 모르긴 몰라도 영국의 자랑거리인 명예혁명도, 윌리엄이나 메리도, 그리고 로크도 오늘날 영국 역사에 몇 줄 남아 있지 않을 것이다.

누군가를 존경하고 돌본다는 것, 누군가의 든든한 친구가 된다는 것은 그가 바른 길을 갈 수 있도록 돕는다는 의미다. 아끼고 사랑한다는 것은 당장은 아프더라도 더 큰 사람이 될 수 있도록 쓴말도 아끼지 않는다는 의미다. 그리고 정말 왕과 같은 지위에 있는 사람과 친구가 되었다면 조금은 공익共益을 생각해 보는 것도 좋지 않을까?

고대 그리스뿐 아니라 오
늘날까지도 세계적으로 유
명한 철학자 아리스토텔레
스는 BC384년 그리스의
칼키디키 반도에 있는 조
그마한 마을 스타게이라에
서 태어났다. 당시 스

타게이라는 마케도니아가 점령하고 있었지
만, 처음부터 이 지역은 고대 그리스 식민지
였기 때문에 아리스토텔레스는 그리스 문화
속에서 태어나고 성장한다. 아버지 니코마코
스는 의사였고 어머니 또한 의사 집안의 딸이

333

었다. 아리스토텔레스가 어릴 때 아버지가 돌아가셨기 때문에 아리스토텔레스는 사촌 집에서 성장한다. 아리스토텔레스가 처음 아테네에 나타난 것은 BC367년 그의 나이 17살 때 플라톤의 철학학교 아카데미아에 입학하기 위해서였다. 아카데미아에 입학하기 전 아리스토텔레스는 수학과 변증법에 능했으며, 많은 책을 읽어 수사학과 대화법을 중심으로 플라톤 철학을 쉽게 습득했다. 아리스토텔레스는 금세 학생의 신분에서 선생님의 신분이 되었다.

BC348년 혹은 347년에 플라톤이 죽자 아리스토텔레스는 아테네를 떠난다. 20년 가까이 생활하던 아테네를 떠난 아리스토텔레스는 어릴 때 사촌과 함께 살았던 아타르네우스로 다시 돌아간다. 마침 레스보스 섬 근처의 조그마한 도시 아소스와 아타르네우스를 함께 통치하고 있던 헤르미아스가 아리스토텔레스를 극진히 환대하며 반겼고, 아리스토텔레스는 헤르미아스의 여동생과 혼례까지 치른다. 그러나 페르시아의 공격으로 헤르미아스가 페르시아의 포로로 잡히게 되자 그곳에서도 더 이상 머물 수 없게 되었다.

　BC345년 혹은 344년에 다행히도 아리스토텔레스의 친구이자 영원한 후견인인 마케도니아 왕국의 필리포스 2세가 자신의 13살 난 아들인 알렉산드로스의 가정교사로 아리스토텔레스를 초대했고 아리스토텔레스는 BC340년 혹은 339년까지 마케도니아에서 알렉산드로스에게 철학을 가르친다.

　BC335년 혹은 334년 알렉산드로스가 연합군 사령관으로 아시아 원정 길에 오르자 더 이상 마케도니아에 머물 필요가 없게 된 아리스토텔레스는 다시 아테네로 돌아와 리케이온이라는 철학학교를 세우고 많은 학생들을 가르친다. **아리스토텔레스의 리케이온은 플라톤의 아카데미아와 함께 아테네를 대표하는 학파로 유명세를 타기 시작한다.**

　BC323년 알렉산드로스가 원정을 끝내고 돌아오는 길에 바빌론에서 갑작스럽게 죽음을 맞이하자 마케도니아와 연합하며 조용히 지내던 그리스 도시국가들에는 다시 반_反마케도니아 정서가 일기 시작했고 아테네도 예외는 아니었다. 알렉산드로스의 스승이자 마케도니아 정부와 친밀한 관계라는 이유로 아리스토텔레스도 더 이상 아테네에 머물 수 없었다. 61살의 아리스토텔레스는 어머니가 태어난 아테네 동쪽의 큰 섬 에우보이아에 있는 가장 큰 도시 칼키스로 몸을 피한다. BC322년, 아테네를 떠난 지 채 1년도 되지 않아 아리스토텔레스는 세상을 떠나고 말았다.

경험론자이자 정치 사상가인 로크는 1632년 영국 브리스톨 근처
의 링톤^{Wrington}에서 태어났다. 아버지는 영국의 청교도
혁명 당시 크롬웰 군대의 기병대장이었고 로
크가 태어날 당시에는 서머싯^{Somerset}에서 법
조인으로 근무하
고 있었다. 로크
는 이런 아버지의
영향으로 어릴 때
부터 청교도 교육
을 받고 자란다.

1647년 웨스트민스터
기숙학교에 입학하여 우

37

수한 성적으로 졸업하고, 1652년 옥스퍼드대학교 크리스트처치 칼리지에 장학생으로 입학하여 다양한 학문을 접한다. 특히 이곳에서 로크는 언어학, 논리학, 윤리학, 수학, 천문학 등 인문과학과 자연과학을 두루 접하게 되는데 무엇보다 데카르트 철학에 많은 관심을 가졌다고 한다. 뿐만 아니라 아리스토텔레스 철학과 중세철학에도 관심이 많았던 로크는 고대 그리스어와 라틴어도 함께 배웠다. 1665년부터 2년 동안 독일 클레베에서 브란덴부르크 공화국의 영국 공사의 비서로 근무한다. 이 비서 생활이 로크의 정치적 활동의 시작이라고 할 수 있다. 영국으로 다시 돌아온 로크는 의학 연구에 매진하면서 시간을 보낸다.

1666년 로크의 일생에서 잊을 수 없는 사람을 만나게 된다. 바로 훗날 샤프츠베리 백작이 된 쿠퍼Anthony Ashley-Cooper, 1. Earl of Shaftesbury경이다. 당시 의학을 공부하고 있던 로크는 특히나 대체의학에 관심이 많았고, 로크를 처음 본 순간 쿠퍼경은 아주 큰 감명을 받았다. 1667년 로크는 쿠퍼경의 요청에 따라 그의 주치의가 된다. 로크는 쿠퍼경 주변의 신진 정치인과 빠르게 친해지면서 당시 영국 정치에 자연스럽게 관심을 갖게 되었고, 1668년 귀족 사회 Royal Society의 일원이 된다.

샤프츠베리는 우연한 기회에 영국의 가톨릭 신자를 중심으로 찰스 2세를 몰아내고 제임스 2세를 왕위에 앉히려 한다는 정보를 입수한다. **샤프츠베리는 몇몇 정치인들과 함께 제임스 2세를 제거하고자 했지만 찰스 2세의 반대로 실패하고 결국 망명지인 네덜란드에서 죽고 만다.**

샤프츠베리에게 일어난 일련의 정치적 사건들로 인해 1683년 6월, 로크도 네덜란드로 망명을 떠나게 되는데 복잡한 런던을 벗어나 조용한 시간을 가질 수 있게 된 로크는 그동안 구상하고 있던 책을 쓰거나 쓸 준비를 하며 시간을 보냈다. 그리고 1688년 명예혁명이 일어난다. 이 혁명으로 제임스 2세가 왕위에서 물러나고 당시 네덜란드의 왕이었던 윌리엄 3세와 부인 메리 2세가 동시에 영국 왕이 되어 귀국한다. 메리 2세와 함께 영국으로 돌아온 로크는 권리장전을 기초하고 완성하였다.

1690년 다시 철학자로 돌아온 로크는 같은 해 그의 주저 《인간오성론》을 출판한다. 이 책으로 로크는 전 유럽에 명성을 떨치게 된다. 학자로 남고 싶었던 로크였지만 영국의 정치가들은 로크를 가만히 두지 않았다. 휘그당을 이끌며 윌리엄 3세에게 정치적으

로 큰 영향을 준 서머스(John Somers, 1st Baron Somers, 1651~
1716) 남작이 로크를 원했다.

　한편으로 서머스를 비롯한 영국의 여러 정치가를 돕고 다른
한편으로는 자신의 철학적인 연구를 계속하던 로크는 1700년 정
치에서 은퇴하고 철학 연구에만 몰두하다 1704년 세상을 떠났다.

존 로크 《정부론》 중에서

입법권의 법위法位

사회를 구성하는 사람은 자신의 자유, 재산, 그리고 생명을 보호
받을 수 있다고 기대한다. 그렇다면 사회만 구성하면 이 모든 것
이 보장될까? 그렇지 않을 것이다. 그래서 사회는 법을 만들었다.
법은 곧 개인의 안전과 자유를 보장할 수 있는 가장 좋은 수단이
기 때문이다. 자연 상태에서의 자연법은 분명하지 않고, 사람들
이 잘 모르는 법이라고 했다. 그래서 사람들은 모여 자신들이 지
킬 분명한 법을 만들었다. 사회 자체의 동의나 사회로부터 권위를
위임받은 자의 동의를 받은 사람만 법을 제정할 수 있다. 법은 국
가를 대표하는 통치자부터 서민에 이르기까지 사회 구성원들 모
두에게 강력한 힘을 발휘하는 것이기 때문에 이 법을 만드는 권

리, 즉 입법권이야말로 국가의 가장 중요한 권력이다.

국가의 모든 사람들이 법 안에서 행동하지 않는다면 법을 만들 필요가 없을 것이다. 왕이라고 해서 법을 지키지 않는다면 사회 안에서 살 필요가 없는 것이다. 이렇듯 법은 한 국가나 사회를 통치하는 가장 강력한 권력을 갖고 있지만, 입법을 할 때는 몇 가지 제한을 두어야 시민들은 더 행복해 한다.

첫째, 입법권은 국민의 생명과 재산을 절대 함부로 다룰 수 없다. 왜냐하면 입법권은 국민이 자연 상태에서 갖고 있던 권리를 입법부에 맡긴 것이기 때문이다. 국민의 생명과 재산을 지키지 못하는 법에 의해 통치를 받아야 한다면 자연 상태로 다시 돌아가는 편이 낫다.

둘째, 한 국가의 최고 권위를 자랑하는 입법권은 즉흥적이거나 자의적인 명령을 통해 행사되어서는 안 된다. 법을 집행해야 할 통치자가 국민이 아닌 자신들의 이익을 위해서 자의적으로 법을 해석하고 통치해서는 안 되는 것이다. 사회를 구성하고 권력을 가진 사람이 개인을 상대로 권력을 휘두르면 시민은 힘없이 무너지고 만다.

셋째, 입법권은 개인의 동의 없이 재산의 일부 혹은 전부를 함부로 빼앗을 수 없다. 사람들이 사회를 구성하는 이유는 여럿 있겠지만, 그중에서 가장 큰 목적은 사유 재산의 보호이다. 권력자나 왕이 사유 재산을 아무 이유 없이 몰수한다거나 빼앗는다면 시민들은 사회를 구성할 필요를 느끼지 못할 것이다.

넷째, 국가는 입법권을 다른 사람이나 집단에 넘겨주어서는 안된다. 국가는 입법할 권리를 시민들로부터 위임받았다. 이렇게 위임받은 입법권을 함부로 다른 사람이나 집단에 넘긴다는 것은 시민을 우롱하거나 배신하는 행위이다.

이상을 중심으로 내가 강조하고 싶은 것은 법은 국민으로부터 나온다는 것이다. 그렇기 때문에 아무리 한 국가를 통치하는 사람이라도 법을 함부로 다루어서는 안 된다. 법을 지키지 않는 왕이 있는가 하면, 함부로 법을 고치는 왕들도 있다. 절대적인 힘을 가진 한 사람의 군주가 자신이 국가의 주인이라고 생각하기 때문이다. 나는 국가의 주인은 왕이나 통치자

가 아니라 백성임을 분명히 밝힌다. 그리그
그 백성을 위한 법이 만들어져야 한다고 생각
한다.

_《철학의 고전들》, 서정욱, 함께읽는책, 2009.

343

& 아리스토텔레스와 알렉산드로스, 로크와 메리 2세

16

각자의 세상에서 모두의 세상으로

&

마르크스와 엥겔스

불만을 갖는다는 것은
불만을 가진 자뿐 아니라
국민 전체에
진보를 가져오는
첫걸음이다.

_오스카 와일드

처음부터
누구의 것도 아닌 것

하나의 유령이 유럽을 떠돌고 있다. 공산주의라는 유령이. 교황과 차르, 메테르니히와 기조, 프랑스의 급진파와 독일의 경찰 등 낡은 유럽의 모든 세력들이 이 유령을 몰아내기 위해 신성동맹을 맺었다.

영국에서 시작된 산업혁명의 바람이 유럽 대륙에 상륙하면서 봉건 영주뿐 아니라 그들과 함께 살던 농노들의 삶이 바뀌기 시작했다. 농노들은 노동자가 되어 봉건 영주를 버리고 새로운 일터를 찾아 떠났고, 버려진 봉건 영주는 아름다운 고성과 함께 퇴락하기 시작했다. 하지만 농노의 삶이 바뀌었다고 어디 봉건 영주나 귀족의 발가락 때만큼이라도 살 수 있겠는가? 노동자로 변한 농노들은 자신들의 권리를 주장하고 나서기에 이르렀고 이들을 뒤에서 부추긴(!) 사람들은 역시 철학자를 비롯한 사상가들이었다. 사상가들은 노동자들에게 그들의 권리를 가르침과 동시에 봉건 영주나 귀족들에게 자신들의 의무를 수행할 것을 강요했다. 하지만 예나 지금이나, 가진 자들이 어디 쉽게 자신의 것을 내놓으려 하던가?

결국 유럽의 노동자들은 폭발했다. 1848년 2월부터 프랑스를 비롯한 독일, 그리고 오스트리아에서 혁명이 일어난다. 역사에서는 이를 유럽의 3대혁명이라고 부르기도 한다. 왕과 귀족들은 지속된 유럽의 가뭄으로 배고픔과 질병에 시달린 시민들이 분노하여 일으킨 폭동이라고 폄하하기도 했지만 시민들이 진정으로 원한 것은 자유였다. 그러나 잘 훈련받은 군인들이 오합지졸과 같은 노동자들을 상대로 질리 만무했으니 결과는 참담하게도 노동자의 패배로 끝나고 말았다. 하지만 군주나 귀족들은 이제 자신들 마음대로 노동자를 휘두를 수 없을 것이라는 큰 교훈을 얻었다. 그렇다면 시민들이 자신의 권리를 찾기 위해 다 같이 들고 일어난 혁명은 어떻게 가능했을까?

1847년 마르크스와 엥겔스는 《공산당 선언》을 발표한다. 그리고 유럽의 왕과 귀족들은 이 책에 나오는 공산당이라는 유령을 잡기 위해 군대와 경찰을 모조리 동원했다. 유령에만 매달리느라 시민들의 힘겨운 삶을 외면한 왕과 귀족들 때문에 시민들은 폭동을 일으켰고 그 폭동이 혁명으로 이어진 것이다.

변호사였던 카를 마르크스의 아버지는 아들도 자신처럼 변호사가 되어 평범한 중산층의 삶을 살기를 바랐다. 그러나 아버지의 뜻에 따라 법학과에 입학한 마르크스는 아버지의 그늘에서 벗어나자마자 운동권 학생들과 교류를 시작하였다. 대학을 졸업한 마르크스는 쾰른에서 일간지 편집장을 지내며 반정부 활동을 시작하였고 정부로부터 체포령이 내려지기에 이른다.

반면 엄청난 규모의 방직공장을 경영하던 아버지 밑에서 일을 배우고 있던 엥겔스는 공장 견학을 위해 쾰른에 들렀다가 경찰로부터 쫓기고 있던 마르크스와 조우하게 된다. 당시 둘은 서로에게 아무런 관심도 없었다. 이후 독일에서 추방된 마르크스가 파리에

349

서 프랑스 혁명가들과 어울리며 생활하고 있을 때 해외 공장 견학을 위해 영국으로 갔다가 프랑스를 들러 고향으로 돌아올 계획을 세우고 여행길에 오른 엥겔스는 파리에서 두 번째로 마르크스를 만나게 된다. 그리고 두 사람의 우정은 죽을 때까지 계속되었다.

1847년 런던에서 개최된 제2차 공산주의자동맹에 가입한 두 사람은 동맹으로부터 강령을 작성해 줄 것을 부탁받았고, 그렇게 완성되어 발표된 강령이 바로 《공산당 선언》이다. 이것을 신호탄으로 프랑스 시민혁명, 독일과 오스트리아 시민혁명이 연달아 일어났고, 비록 이 모든 혁명은 실패로 끝나고 말았지만 이로 인해 과거의 봉건적 체제가 무너지고 근대 민주정치의 기초가 마련되었으며 귀족을 비롯한 보수 세력에게는 노동자가 뭉치면 어떤 결과를 낳을지 모른다는 공포를 남겨 주었다. 마르크스와 엥겔스가 주장하는 함께 생산하고 함께 나누는 '공산共産'이란 것이 얼마나 무서운지 보여 주었다. 마르크스와 엥겔스가 처음 공산이란 말을 꺼냈을 때, 보수 세력은 두려움에 떨었다. 얼마나 무서웠으면 유령이라고 표현했을까!

마르크스와 엥겔스는 노동자들이 잃을 것이라고는 그들의 발에 채워진 쇠사슬뿐이라

며 그들을 독려했다. 젊음이란 그런 것이 아
닐까. 혁명을 통해 잃을 것이 많은 사람은 정당하지 못한 방법
으로 가진 것이 많은 사람이다. 이제 세상을 살기 시작하는 젊은
노동자가 잃을 것이라고는 마르크스와 엥겔스의 말처럼 그들을
옥죄는 사회의 제약들, 기성세대가 틀어쥐고 놓지 않는 특권들뿐
일지 모른다.

351

& **마르크스와 엥겔스**

모두에게 주어진
정당한 몫

"눈에 잘 띄지 않는 임산부도 이용할 수 있게 승객 여러분의 배려를 부탁드립니다."

유럽의 3대혁명이 일어난 이후 보수 세력은 자신들의 것을 조금씩 풀기 시작했다. 그리고 그것은 여러 가지 이름으로 바뀌며 노동자를 대변하는 정책이 되었다. 그중 가장 대표적인 것이 바로 사회보장제도이다. 그리고 이 사회보장제도는 주로 사회에서 보호받아야 할 계층을 대상으로 점점 체계화되었다. 즉 약자를 위한 제도가 만들어지면서 상대적으로 덜 약한 계층, 즉 경제적으로 덜 힘든 계층과 더 힘든 계층이 나뉘게 되었다.

마르크스는 노동자 계급인 프롤레타리아트가 단결하면 가진 자들의 계급인 부르주아지를 무너뜨리고 새로운 세상을 열 수 있다고 말한다. 그런데 문제는 부르주아지는 잘 단결하지만, 프롤레타리아트는 나라 여러 곳에 흩어져 경쟁하고 분열되어 있기 때문에 단결이 잘 되지 않는다는 것이다. 그러나 이런 프롤레타리아트들이 단결할 때가 있는데, 이는 자신들을 위한 것이 아니라 오히려 부르주아지를 위해서이다. 즉 부르주아지는 자신들이 필요할 때 노동자들을 단결시켜 군주나 귀족들에 맞서 투쟁하게 한다는 것이다. 결국 노동자들은 자신들의 적인 부르주아지를 공격하는 것이 아니라 적의 적을 공격하는 일에 이용당하고 있다는 얘기다. 마르크스와 엥겔스는 프롤레타리아트가 승리하려면 부르주아지가 이룬 모든 것을 이용해야 한다고 주장한다.

부르주아지는 노동자들이 단결하지 못하게 새로운 공장을 끊임없이 건설하고 새로운 기계를 도입하여 노동자의 지위를 불안하게 하고 위기를 느끼게 만든다. 그럴수록 노동자는 적극적으로 단결하여 부르주아지에 대항해 연맹을 만들어 투쟁할 방법을 모색해야 한다고 마르크스는 주장한다.

353

지하철을 타면 노약자와 장애인, 임산부와 아이를 동반한 승객들을 위해 일반 승객들에게 자리를 양보하거나 해당 좌석을 비워 둘 것을 안내하는 방송이 끊임없이 나온다. 학교뿐 아니라 공공건물들에도 사회적 약자를 배려하기 위한 시설들이 부족하나마 생겨나기 시작했다. 교육이나 고용 분야에서는 특별전형이 마련되기도 한다. 그러나 사회적 약자에 대한 선심성 배려 정도의 떼어 주기 식 복지로는 근본적인 차별이나 소외는 극복되지 않을 것이다. 진정 그들에게 필요한 것은 일시적 도움이 아닌 차별을 시정하기 위한 국가와 사회의 적극적 조치이다. 사회적 약자에 대한 나눠 주기 식 배려는 결과적으로 약자와 '조금 덜 약자'인 자들 사이의 편 가르기만을 부추길 것이며 결국 그들은 자신들의 적이 누구인지 잊고 자기들끼리 싸우게 될 것이다.

마르크스와 엥겔스가 노동자 계급의 자유를 꿈꾸던 시절과 지금은 많이 다르지만 근본적으로 그들이 꿈꿨던 '민주주의를 위해 국가가 해야 할 일'은 지금의 민주주의 국가들에서도 크게 다르지 않을 것이다.

첫째, 개인의 토지 소유를 막고 지대를 국가의 경비로 충당합니다.

둘째, 수입이 많을수록 더 많은 세금을 내는 누진세를 적용합니다.

셋째, 모든 상속권을 폐지합니다.

넷째, 모든 망명자와 반역자의 재산을 몰수합니다.

다섯째, 국가의 신용은 국가의 모든 자본을 가지고 있는 국립은행을 통해서만 정합니다.

여섯째, 모든 교통과 운송 수단은 국가에서 관리 감독합니다.

일곱째, 국가 소유의 공장과 생산도구를 늘리고, 공동 계획에 따라 토지를 개간하고 개량합니다.

여덟째, 모든 사람에게 평등한 노동의 의무를 지우며, 농업을 위한 산업과 군대를 새로 만듭니다.

아홉째, 농업과 공업을 결합시켜 도시와 농촌 간의 격차를 줄입니다.

열째, 어린이의 공장 노동을 폐지하고 모든 어린이는 국가 책임 아래 무상교육을 받습니다.[※]

355

※ 서정욱, 《배부른 철학자》(함께읽는책, 2011.)에서 발췌.

& 마르크스와 엥겔스

애초에 누구의 것도 아닌 모두의 것을, 모두가 아닌 일부만이 흘러넘칠 만큼 누리고 나머지 대다수가 그렇지 못한 상황. 누가 봐도 정당하지 않지만 바로 그런 상황이 역사에서 그리고 우리 주변에서 늘 반복해 벌어지는 일은 아닌지 묻고 싶다. 나의 의지와 상관없이 그들의 세상과 나의 세상이 다른 것이 정말 정당한 것인지 묻고 싶다. 아니, 더 젊은 당신들이 세상에 물었으면 좋겠다. 묻고 의심하고 행동하고 바꾸었으면 좋겠다. 그리하여 개인이 개인을, 국가가 국가를, 두려워하거나 착취하거나 미워하는 일 없이 모두가 함께 잘 살 수 있었으면 좋겠다. 그리고 그 세상의 주인이 당신들이었으면 좋겠다.

마르크스
Marx, Karl Heinrich

마르크스에게 붙는 수식어는 참 많다. 철학자, 경제학자, 사회이론가, 언론인, 노동 운동의 선구자, 사회 비판가, 종교 비판가 등등.

마르크스는 1818년 독일 트리어에서 태어났다. 아버지는 변호사였고, 할아버지와 할머니는 모두 유대인으로 랍비 집안 출신이다. 어머니도 잘 알려진 유대인 랍비 가문 출신이다. 마르크스의 외사촌 중에는 독일의 유명한 시인 하인리히 하이네와 오늘날 세계적으로 유명한 네덜란드의 전기회사 필립스의 창업주 프레데릭 필립스가 있다.

357

& **마르크스와 엥겔스**

프로이센 지역에서는 유대인이 변호사를 할 수 없었기 때문에 1816년부터 1822년 사이 마르크스의 아버지는 개신교로 개종하였다. 뿐만 아니라 마르크스 남매들도 모두 개종하였는데, 마르크스는 1825년 11월에 세례를 받았다. 1830년부터 1835년까지 훗날 처남이자 독일의 유명한 공산주의 정치가가 된 폰 베스트팔렌(Edgar von Westphalen, 1819~1890)과 김나지움을 다녔다.

17살에 법학과 독일 중상주의 재정 경제 및 정치학을 공부하기 위해 본대학에 입학한다. 다음 해인 1836년 훗날 독일의 사회주의자가 된 친구의 여동생인 제니(Jenny von Westphalen, 1814~1881)와 약혼한다. 그리고 베를린훔볼트대학에서 헤겔의 영향을 받은 젊은 개혁운동가들과 어울리며 개혁운동에 앞장섰다. 하지만 그들이 마주한 현실은 가난과 끊임없는 국가의 검열, 차별뿐이었다. 1841년 예나대학에서 철학박사 학위를 받고 다음 해 쾰른에서 〈라인신문*Rheinische Zeitung*〉 편집장으로 취직하였다. 마르크스의 반정부 활동은 그곳에서도 계속되었는데, 1842년 쾰른을 거쳐 맨체스터로 가던 엥겔스와 운명적으로 만나게 된다. 엥겔스는 아버지의 성화에 못 이겨 영국 방직물 공장을 견학하기 위해서 맨체스터로 가는 중이었다. 이때까지 두 사람은 서로에게 특별한 관심을 갖지 않았다고 한다.

검열에 걸려 일간지는 폐간되고 체포령이 떨어지자 마르크스는 파리로 도피한다. 그해 10월 〈독일프랑스연보 *Deutsch-Französischen Jahr-bücher*〉를 발간하면서 독일 혁명을 꿈꾼다. 특히 독일 중상주의 재정 경제학과 정치학을 전공한 마르크스는 이들을 이론적으로 돕는다. 1844년, 영국 방직공장 견학을 마치고 돌아가던 엥겔스가 자신의 글을 〈독일프랑스연보〉에 싣기 위해 파리에 들르면서 마르크스와 엥겔스의 두 번째 만남이 성사된다. 영국의 공장을 견학하면서 독일 노동자의 현실을 알게 된 엥겔스에게 파리에서 노동운동과 개혁운동에 정열을 불태우고 있던 마르크스는 하나의 희망이었다. 두 번째 만남 이후 두 사람은 평생의 동지가 된다.

1845년 프랑스에서 벨기에로 추방당한 마르크스를 만나기 위해 그다음 해인 1846년 엥겔스가 벨기에를 방문하고, 브뤼셀에서 두 사람은 공산주의 통신 위원회를 구성한다. 그리고 두 사람은 바이틀링(Wilhelm Christian Weitling, 1808~1871)에 의해 1846년에 창당된 정의사회당에 가입과 동시에 런던에서 개최된 제2차 공산주의자동맹에도 가입하게 된다. 이때 마르크스와 엥겔스는 제2차 공산주의자동맹에 필요한 강령을 작성해 줄 것을 요청받고, 그렇게 완성되어 1848년 2월에 발표된 저서가 바로 《공산당 선언》이다. 결국 이 《공산당 선언》으로 더 이상 프로이센의 영향력이 미치는 나라에서 살 수 없게 된 마르크스는 프로이센의 추방령에 따라 영국으로 망명하여 죽을 때까지 그곳에서 머문다. 하지만 엥겔스가 자신이 경영하는 공장에서 생긴 여윳돈을 마르크스에게 늘 보내 주었기 때문에 영국에서의 삶이 결코 힘들지만은 않았다. 마르크스는 엥겔스의 도움으로 영국에 머물면서 많은 저서를 남긴다. 알제리, 스위스, 프랑스 등을 여행하고 돌아온 마르크스는 1883년 생을 마감한다.

엥겔스는 마르크스가 죽은 다음 그의 책들을 출판했는데 마르크스의 유명한 경제학 저서인 《자본론》도 마르크스가 죽고 난 다음 엥겔스에 의해 출판되었다.

엥겔스
Engels, Friedrich

마르크스와 함께 마르크스주의를 창시한 엥겔스는 1820년 프로이센의 바르멘에서 태어났다. 경건주의자인 아버지는 방직공장을 경영하여 크게 성공한 사람으로 16세기 경 노르트라인베스트팔렌 지역에서 이주한 집안 출신이다. 어머니는 언어학자 집안에서 태어난 인자한 여성이었다.

1834년 아버지는 엥겔스가 초등학교를 졸업하자 자유로운 교육을 받을 수 있도록 엘베르펠트 김나지움에 입학시켰다. 그러나 그곳에서 자유롭게 토론하고 자신의 의견을 당당히 주장하는 친구들을 보면서 아버지에 대한

엥겔스의 반발은 더욱 커져 갔다. 1837년 결국 엥겔스는 아비투어 자격시험을 1년 앞두고 바르멘에서 기술을 배워 아버지의 공장을 경영하기 위해 김나지움을 그만둔다. 엥겔스는 브레멘에서 대형 상사의 견습생으로 일하며 상인 교육을 받는 한편 비교적 자유로운 분위기의 도시에서 여러 지역의 신문과 잡지를 탐독하며 문학비평, 시, 드라마 등 장르를 가리지 않고 글을 써 여러 신문과 잡지에 투고한다. 특히 엥겔스는 1839년부터 1841년까지 프리드리히 오스발트Friedrich Oswald라는 필명으로 여러 글들을 발표하였다.

1841년 9월 엥겔스는 포병에 자원하여 1년 동안 베를린에 머물며 헤겔의 개혁주의에 대해 알게 되고 감동받는다. 군 복무 기간 동안 시간이 날 때마다 헤겔철학을 청강하며 독일을 어떻게 개혁할 것인가에 대해 많은 생각을 하게 된다. 특히 엥겔스는 셸링이 강의한 헤겔철학을 들으며 셸링과 헤겔의 관념론, 종교비판과 프랑스 유물론 등에 대해 연구한다. 1842년 프로이센 공화국에 대한 서민들의 감정을 담은 비판적인 글을 마르크스가 편집인으로 있던 〈라인신문〉에 투고한 엥겔스는 아버지의 권유에 따라 영국 맨체스터에 있는 방직공장으로 견학을 떠나던 중 마르크스를 방문하게 된다. 맨체스터에 도착한 엥겔스는 아버지와 아버지 친구가 함께 경영하는 방직공장에 머물며 영국의 산업이 독일보다 훨씬 발달했고 영국의 노동자가 독일보다 더 자유로우며 더 좋은 복지 혜택을 받고 있다는 사실에 놀란다. 그리하여 1843년 개혁적인 독일 노동자들의 모임인 정의당의 대표들과 만나는 한편 영국의 노동자 운동단체인 오언주의자들과도 만나 독일과 영국의 노동 문제에 관해 논의하게 된다. 1844년 2월 인간사회 발달에 경제가 어떤 역할을 하는지에 관한 내용을 담은 저서 《국가경제의 비판에 대한 개요 Umrisse zu einer Kritik der Nationalökonomie》를 당시 마르크스가 발간하던 〈독일프랑스연보〉에 실은 것을 계기로 여러 차례 편지를 주고받다가 같은 해 8월 파리에서 약 열흘 정도 함께 머물며 평생의 동지가 된다.

엥겔스와 마르크스는 1844년 만난 이후 2년 동안 몇 권의 책을 공동으로 출판한다. 《신성가족 Die heilige Familie》, 《독일 이데올로기 Die deutsche Ideologie》 등이 대표작인데, 이 책에서 두 사람은 헤겔학파를 따르는 젊은이들의 생각을 비판한다. 그리고 1848년 《공산당 선언》을 발표함으로써 두 사람의 연대는 절정에 이른다. 1848년 독일을 비롯하여 프랑스와 오스트리아에서 동시에 노동혁명이 일어났으나 모두 실패로 끝나면서 엥겔스는 독일을 떠나 맨체스터에 있는 아버지의 공장에서 1870년까지 머문다. 그곳에서 엥겔스는 이미 영국에 와 있던 마르크스를 적극 돕는데 마르크스는 이미 그곳에서 그의 주저 《자본론》을 서술하고 있었으며 엥겔스와 경제 및 노동운동에 대한 다양한 의견을 편지로 주고받는다.

1864년 엥겔스는 마르크스와 함께 제1인터내셔널이라 불리는 국제노동자협회를 창설한다. 마르크스가 결성 선언문과 규약을 작성한 제1인터내셔널은 세계 최초로 노동자 계급이 자치적으로 설립한 민주주의 정부라는 평가를 받은 파리 코뮌의 적극적인 지원을 받지만 파기 코뮌이 붕괴되자 제1인터내셔널 또한 1876년 해체되고 만다.

1870년 엥겔스는 마르크스가 있는 런던으로 거처를 옮겨 마르크스가 편안히 책도 쓰고 여행도 할 수 있게 뒷바라지한다. 1883년 친구이자 평생의 동지였던 마르크스의 죽음은 엥겔스에게는 큰 고통이었다. 마르크스의 죽음 이후 엥겔스는 유럽 여러 나라의 노동 운동에 대해 많은 책과 논문을 발표하는 한편 마르크스가 남긴 논문과 책을 편집하고 출판하는 일도 대신한다. 특히 엥겔스는 마르크스의 《자본론》을 출판하는 일에 많은 노력을 기울였으며 1889년에는 제2인터내셔널을 창건하였다.

마르크스가 죽은 후에도 유럽의 공산주의 운동을 위해 혼신을 다한 엥겔스는 1895년 식도암으로 세상을 떠나며 자신을 화장해 바다에 뿌려 달라는 유언을 남겼다고 한다.

마르크스 · 엥겔스 《공산당 선언》 중에서

지배 계급은 무엇을 두려워하는가

부르주아지는 공산주의자가 개인의 사적 소유와 자유, 인격을 빼앗는 공포스러운 존재라고 이야기합니다. 보는 관점에 따라서는 이런 말이 나올 수도 있습니다. 그러나 공업이 발달하고 부르주아지가 생기면서 사적 소유가 가능해진 사람은 사회 전체의 10%에 불과한 부르주아뿐이었습니다. 나머지 90%의 노동 임금자에게 사적 소유는 이미 존재하지 않는 제도입니다. 존재하지도 않는 소유를 폐지한다고 비난하는 것이 가능한 일일까요? 부르주아지에 있어서 노동이란 곧 다시 투자하기 위

365

한 자본이나 화폐 혹은 공장을 확대할 대지 비용입니다. 그러나 공산주의자에게 노동은 노동자의 생활을 향상시키고 풍부하게 하며 증진시키는 수단입니다. 부르주아지에게 노동자는 개인 소유이지만, 공산주의에서는 개인 그 자체입니다. 공산주의자는 바로 이런 노동자의 신분을 폐지하자고 말합니다. 즉 공산주의자는 사회의 생산성을 향상시키는 힘인 노동자를 어느 누구로부터 빼앗자는 것이 아니라, 그 힘을 수단으로 다른 사람의 노동을 구속하는 힘을 빼앗자고 주장하는 것입니다. 그러나 부르주아지는 사적 소유가 폐지되면 모든 경제 활동이 멈추고 게으름이 만연하여 결국 사회는 망한다고 주장합니다. 하지만 공산주의자의 생각은 다릅니다. 만약 이러한 공식이 적용된다면 부르주아지는 훨씬 오래전에 망했어야 합니다. 부르주아 사회에서 '일하는 부르주아'는 없습니다. 그들에게는 자신들 대신 일하는 노동자가 있을 뿐입니다.

(중략)

마르크스와 엥겔스는 1847년 《공산당 선언》을 발표하면서 유럽, 특히 독일의 프롤레타리아트를 주시하였습니다. 마르크스와 엥겔스는 《공산당 선언》 마지막 부분에서 공산주의자는 자신의 견해와 의도를 감추는 것을 경멸하며, 종래의 사회 질서를 폭력으로 타도하지 않고는 목적을 달성할 수 없다고 말합니다. 특히 지배 계급으로 하여금 공산주의 혁명 앞에서 전율케하자고 외칩니다. 이 혁명으로 프롤레타리아가 잃을 것은 쇠사슬밖에 없지만 얻는 것은 전 세계라고, 마르크스와 엥겔스는 다음과 같이 외칩니다. "만국의 프롤레타리아여, 단결하라!"

1848년 유럽의 3대혁명은 실패로 끝났지만 공산주의자 세력은 유럽 전역으로 퍼져나갔습니다. 이후 오늘날까지 모두 일곱 종류의 서로 다른 공산주의가 생겨났다 사라지고, 그리고 남아 있습니다. 러시아, 동유럽, 동독, 유고, 중국, 그리고 쿠바와 북한의 공산주의가 그것입니다. 우리말에 사흘을 굶으면 담을 넘지 않는 사람이 없다고 합니다. 공산주의를 표방했지만 자본시장에 잠식당한 나라들을 보면 혁명도, 사람을 현혹하는 정치가의 아름다운 구호도 배고픔 앞에서는 아무런 의미가 없는 것 같습니다.

마르크스와 엥겔스는 공산주의는 어느 나라에서나 그곳의 민주주의 정당들 간의 연합과 이해를 도모하기 위해 노력한다고 말했습니다. 지구상의 유일한 분단국가인 우리에게 의미 있는 이야

367

기로 들립니다. 역사적으로 공산주의는 권력을 잡고 있는 모든 정당으로부터 비방을 받았습니다. 그리고 공산주의는 생겨났고 사라졌으며, 아직 남아 있습니다. 이런 사실을 놓고 지금 우리가 물어야 할 것은 **마르크스와 엥겔스가 주장한 공산주의란 정말 모순투성이고 단점밖에 없는가** 하는 것입니다. 물론 이것에 답하기 위해서는 이론과 실제를 구별해야 할 것입니다.

마르크스와 엥겔스는 공산주의에 관한 이론을 세웠고 그 이론을 자신들의 기준에 맞게 계승한 사람들은 공산주의를 자신들의 국가에 적용한 정치가들이었습니다. 과연 마르크스와 엥겔스의 정신이 온전히 실현된 공산주의 국가는 어떤 모습일까요? 가진 것 없는 프롤레타리아에게도 공산주의는 유령의 모습일까요?

_《배부른 철학자》, 서정욱, 함께읽는책, 2011.